AF175324

Matthias Gundel

Lebkuchengasse

Bibliografische Information der Deutschen National-
bibliothek: Die Deutsche Nationalbibliothek verzeich-
net diese Publikation in der Deutschen Nationalbiblio-
grafie; detaillierte bibliografische Daten sind im Inter-
net über dnb.dnb.de abrufbar.

<u>Herstellung und Verlag</u>
BoD – Books on Demand, Norderstedt

<u>ISBN</u>
978-3-7528-9187-4

Weihnachten auf Schloss Fantasie war schon etwas Besonderes für Unki, Mitti, Mogli und allen ihren Freunden. Damals hatte Frau Mahlstein plötzlich die Flucht ergriffen und machte sich mitten in der Heiligen Nacht mit ihrem Sternenfahrrad aus dem Staub.
Wir erinnern uns, dass sie dabei auf der untersten Stufe des Schlosses ein Stück Papier verloren hatte, dass wenige Minuten später Unki und Mitti fanden. Was war geschehen? Die Inhaberin des ehemaligen Ladens «Süßigkeiten zum Lesen» hat den beiden einen kleinen Brief da gelassen, den sie am gleichen Abend gelesen haben:

Meine Lieben,
Nochmals herzlichen Dank für das unvergessliche Fest heute Abend. Mir hat es Freude bereitet, dass ihr alle meine fehlenden Bücher wieder zusammen getragen habt. Ihr hattet so eine Mühe damit, dass ich euch zum Dank diese beiden Eintrittskarten schenke. Im kommenden Jahr eröffnet im Frühsommer nach vielen Jahren das Opernhaus wieder. Zur feierlichen Wiedereröffnung lade ich euch herzlich ein.

Ich bin in Gedanken immer bei euch.
Eure Frau Mahlstein

Als Mitti und Unki diese Botschaft so lasen, waren beide erstaunt. «Du Schatz, hast du eine Ahnung, was das alles genau zu bedeuten hat?», fragte Mitti Unki mit einem unklaren Blick. Diese stand nur mit großen Augen und zuckenden Schultern vor ihrem Mann und wusste beim besten Willen keine Antwort darauf.

Gemütlich und festlich verbrachten alle das Weihnachtsfest auf Schloss Fantasie und Mitti, Unki und Mogli haben spät in der Nacht ihren Heimweg angetreten.

Es folgten viele Monate mit den unterschiedlichsten Lebensaufgaben für alle. Mitti las eines Morgens im Internet, dass heute das alte Opernhaus nach vielen Jahren wieder seine Türen für alle öffnen würde. Gleichzeitig schaute Unki in diesem Augenblick zufällig auf den fest verschlossenen Umschlag, der lange Zeit schon auf dem Tisch lag.

«Nicht öffnen, bevor ihr es auch wirklich wisst!», stand mit großen Buchstaben darauf geschrieben. Unki empfand jetzt den richtigen Zeitpunkt dafür und öffnete den Umschlag voller Neugierde. Wenige Sekunden später hielt sie zwei Eintrittskarten in ihren Händen. Diese waren auf jenen Donnerstag datiert, den Mitti vorgelesen hat.

«Wo um alles in der Welt ist denn nun diese Veranstaltung?», überlegte Mitti und versuchte, das Web nach einer passenden Antwort zu fragen.

Schließlich las Mitti weiter vor: «Die Eröffnung beginnt um 17:00 Uhr im Foyer mit Sektempfang bei leckeren Häppchen. Um 19:00 Uhr genießen Sie dann eine ganz besondere Oper – lassen Sie sich überraschen.» Die Uhr zeigte 15:30 Uhr und keiner der beiden wusste, wie und wo und was zu tun war. Urplötzlich riss sie ein lautes Hupen direkt vor ihrer Haustür aus ihren Gedanken. Überraschend stand Ronny zusammen mit Little Blitz Speedy vor ihrer Türe.

«Beeilung, meine Lieben! Wir haben nicht mehr so viel Zeit. Little Blitz Speedy ist zwar schnell, aber so schnell nun auch wieder nicht.»

Unki und Mitti beeilten sich und waren wenige Augenblicke später wieder bei Ronny und Little Blitz Speedy.

Mogli hat sich von dieser Aufbruchsstimmung wenig beeindrucken lassen, da er zu dieser Zeit draußen im Garten faul neben dem großen Mohnblumenfeld lag. Dort verbrachte unser Freund fast immer seinen Tag, wenn es früh sommerlich warm war. Den Bienen, Vögeln oder den Schmetterlingen zuzusehen, war für ihn eine willkommene

Abwechslung. Bei großer Hitze fand unser Vierbeiner stets einen schattigen und gemütlichen Platz unter der nahen, alten Tanzlinde.

Ronny brachte Unki und Mitti mit Little Blitz Speedy zur langersehnten Auftaktveranstaltung anlässlich der Wiedereröffnung des Opernhauses.

Schon von weitem bot sich Unki und Mitti ein prächtiges und monumentales Bauwerk, was sich über viele Jahrhunderte hinweg als Meisterwerk erhalten hat. Alleine schon das Dach über dem Bühnen- und Logenhaus ist wahre Zimmermannskunst, weil es durch seine riesige Spannweite zur damaligen Zeit jeden Bauherren an die Grenze gebracht hat. Der imposante Vorbau des Hauses unterstrich das barocke Flair des Hoftheaters. Drei große Eingangstüren waren geöffnet und der fast überdimensional erscheinende Vorraum erstrahlte in einer einladenden Farbe. Die darüber liegenden Terrassenebenen mit ihren riesigen Fenstern waren an diesem ausgefallenen Tag ebenfalls in festlichem Glanz gehüllt.

Aus der Ferne hörte man sanft das Orchester auf die Oper einstimmen und wenn man genau hinsah, entdeckte man das leckere Buffet am anderen Ende des Ganges. Eine wahrlich festliche Kulisse bot sich den beiden und es gab jede Menge Prominente zu bestaunen. Im tiefsten Weiß erstrahlten die hohen Wände, die immer wieder durch extravagante Lichtquellen durchbrochen wurden. Von der Decke hingen kleine Kronleuchter, die das Licht ebenfalls in unzählige kristalline Punkte zerstreute. Der Fußboden bestand aus großen, weißen Steinfliesen, die in der prunkvollen Beleuchtung an den Wänden illuminierten.

Die Luft verströmte eine wohlige Brise aus frischer Zitronenmelisse gepaart mit dem Duft warmer Kerzen. Aus allen Ecken konnten Unki und Mitti das leise Murmeln der Gäste vernehmen, die sich alle angeregt über die musikalische Premiere unterhielten. Der Sekt prickelte auf der Zunge von Unki und Mitti, aber auch die kleinen Leckereien mundeten ihnen vorzüglich. Erinnerten sie doch ein bisschen an alte Zeiten, wo das Essen immer geschmeckt hat. Die Türen zum Opernsaal standen weit offen und beim genauen Hinhören drangen weitere erste Klänge des Orchesters an die gespannten Ohren. Unki und Mitti liefen ein paar Schritte weiter, bis sie an einen Treppenaufgang gelangten. Auf dem renovierten Holz gingen sie weiter nach oben, bis sie sich endlich auf ihrem Logenplatz einfanden.

Begrüßt wurden sie von einer jungen Frau, die ihre Eintrittskarten kontrollierte. «Guten Abend, die werten Herrschaften. Ich freue mich, Sie hier im Opernhaus begrüßen zu dürfen. Bitte nehmen Sie Ihre Plätze ein, die Auftaktveranstaltung wird in wenigen Minuten beginnen. Gestatten Sie: Mein Name ist Caroline Mandelmilch und ich bin heute Abend für Sie Ansprechpartnerin für Ihre Fragen, Wünsche und Anregungen.» Caroline Mandelmilch war in einem barocken Outfit gekleidet. Ihre schwarzen, lockigen Haare wurden von einem weißen Band umrandet. Die Frau trug zudem ein rosa Kleid mit einer hellgelben Bluse. An ihren Händen zierten zwei goldene Ringe.

Gestärkt vom Essen waren Unki und Mitti jetzt im renovierten Opernhaus auf ihren Plätzen und von den bisherigen Eindrücken mehr als überwältigt.

Rechts und links gab es blaue Balken, die immer wieder von golden angemalten Blütenblättern zart durchbrochen wurden. Eine ebenfalls dunkelblaue Brüstung trennte ihre Ehrenplätze von den darunterliegenden Sitzreihen.

Die Instrumente des Orchesters konnten Unki und Mitti inzwischen deutlicher hören und es roch noch ein bisschen nach frischer

Farbe und Lacke. Die Lichter ließen die renovierten Galerien in einem extravaganten Glanz erstrahlen und in wenigen Augenblicken füllte sich der Saal mit seinen drei Galerien bis auf den letzten Platz.

Den unteren Zuschauerraum konnten Unki und Mitti mit hellblauen, samtigen Sitzgelegenheiten deutlich erkennen. Dahinter waren einige Stehplätze in einem eigens dafür abgetrennten Bereich.

Die Loge von Unki und Mitti hatte drei Plätze und an jedem lag ein kleines Programmheft bereit. Die beiden saßen äußerst bequem, weil sich die Sitze weich und warm anfühlten. Wer auch immer ihr Opernnachbar sein würde, war zu diesem Zeitpunkt nicht klar.

Hier war der vornehmste Sitzplatz im Haus und bot den allerbesten Blick auf die Darstellerinnen und Darsteller der gesamten Bühne. Auch das Orchester hörte man von diesen Ehrenplätzen in vollem Klang.

Ein Gong ertönte und ließ die Aufmerksamkeit der Zuschauer weiter erhöhen. Spannung, Neugierde und Vorfreude lagen in der Luft. Ihre Blicke schweiften über die einmalige Kulisse, die in jahrelanger Kleinarbeit restauriert wurde.

Mitti und Unki nahmen je eines der Programme in die Hand. Unki fühlte das glänzende Papier in ihren Händen, als plötzlich ein zweiter Gong ertönte. An den Galerien waren tausende von Lichtern angebracht, die die in liebevoller Kleinarbeit gestalteten Verzierungen zur Geltung brachten. Ein angenehmes beige verströmte eine beruhigende Wohlfühlatmosphäre.

An diesem Abend war man fast in die Gründerzeit des Opernhauses zurückversetzt worden, weil hier schon immer Opern und Theaterstücke aufgeführt wurden. Heute hatte man den Eindruck, dass alle Besucher den Auftakt mehr als sehnlichst erwarteten. Ein Blick auf die Bühne ließ die Gedanken und die Wahrnehmung ins Unendliche führen. Mit Ertönen des dritten Gongs gesellte sich ein älterer Herr zu Unki und Mitti.

«Entschuldigen Sie bitte, meine Herrschaften. Ich glaube, wir haben heute Abend hier zusammen das Vergnügen. Gestatten, dass ich mich vorstelle: Mein Name ist Heimnis, genauer Gerald G. Heimnis.»

Unki und Mitti bekamen einen kuriosen Logengast. Schütteres, graues Haar und ein kleiner Oberlippenbart zierten den Mann ebenso wie ein Monokel im rechten Auge und groß war er nicht. Ihr geheimnisvoller Gast hatte zudem eine lila Weste und eine rote

Hose sowie ein knallgelbes Hemd an. Sein Aftershave erinnerte ein bisschen an den Geruch von frisch gebackenen Kürbisbrötchen. «Guten Abend. Sehr gerne. Freut uns.», entgegnete Mitti, «das ist meine Frau Unki und mein Name ist Mitti. Wir haben diese Karten zum letzten Weihnachtsfest von unserer langjährigen Freundin Frau Mahlstein geschenkt bekommen.», fuhr er fort. Vielmehr sprachen die drei nicht zusammen, weil kurz darauf die Oper mit ersten Tönen erklang. Lange war der erste Akt und umso mehr freuten sich Mitti und Unki auf eine kleine Pause.

Als das Licht langsam wieder dämmerte und das prunkvolle Opernhaus in seinem vollen Glanz erleuchtete, war Herr G. Heimnis plötzlich verschwunden. Sein Platz war leer. Alles, was noch vorhanden war, war ein kleiner Schlüsselbund, den er in seiner Eile vergessen hatte. Dieser lag wie ein kleines Geschenk in der Mitte seines Stuhls.

«Sollen wir ihn vielleicht am Empfang abgeben?», dachte Unki und schaute ratlos zu Mitti, der den Schlüsselbund in seine Hand nahm. Er fühlte sich ein wenig kühl an und die Schlüssel waren an den Enden spitz. An dem Schlüsselbund baumelte ein kleiner, roter Bus, der ein bisschen wie die berühmten Linienbusse in Großbritannien aussah.

Als Mitti den Schlüsselbund so in den Händen hielt, hatte er den Eindruck, dass dieser ein bisschen blinkte.

«Da hat doch gerade auch etwas kurz geleuchtet!»

«Nein, hat er nicht. Das sind die Kronleuchter hier im Opernhaus.»

«Doch! Er leuchtet schon wieder.»

Unki riss ihrem ahnungslosen Mann den Schlüsselbund aus den Händen und hielt diesen fest.

«Jetzt leuchtet er immer zu! Sieh mal!», deutete die mittlerweile aufgeregte Unki auf das jetzt immer mehr entscheidende Objekt.

«Hallo!»

«Warst du das oder wer war das?», drehte sich Mitti um, ohne großes Aufsehen zu erregen. Ein wenig mysteriös war die Situation schon und Mitti spürte die Schweißperlen in seinen Händen und auf der Stirn waren einzelne Schweißtropfen deutlich erkennbar. Unki schaffte es nicht, ihren Mann zu beruhigen.

«Der Schlüsselbund kann sprechen?!»

«Ja, das kann ich. Und ich kann noch mehr: Ich kann euch ein Geheimnis verraten. Seid ihr bereit?»

Mitti und Unki waren sehr verblüfft und sperrten ihren Mund ganz weit auf, denn sie wussten keine Antwort mehr.

«Also, ich bin der Schlüssel zu einem ganz besonderen Fahrzeug. Ich gehöre zu einem ehemaligen Gefährt, nämlich zu einem Märchenbus. Ja, ihr habt richtig gehört. Zu einem Märchenbus.»

«Was sollen wir denn mit einem Märchenbus anfangen?», fragte Unki den Schlüsselbund und es war ihr inzwischen gar nicht mehr komisch mit diesem zu sprechen. Beim genauen Zusehen war es schon ein bisschen eine lustige Situation, wenn man die beiden mit einem Schlüsselbund reden sah.

«Kann ich euch sagen: Ihr seid dazu auserwählt worden, mit diesem Märchenbus an einen ganz besonderen Ort zu fahren. Ihr müsst nur den Märchenbus zunächst erst finden, um dann an diesen geheimnisvollen Ort zu gelangen. Mehr verrate ich euch jetzt erst einmal nicht. Ihr werdet es schon noch sehen.»

In diesen Minuten öffnete sich der Vorhang und der zweite Akt begann. Unki und Mitti folgten diesem gar nicht mehr, obwohl die Musik himmlisch an ihre Ohren drang. Sie waren in Gedanken nur bei dem Märchenbus und wo sie diesen fanden.

Am Ende der Auftaktveranstaltung haben die beiden vorsichtshalber bei Caroline Mandelmilch nach Herrn G. Heimnis gefragt. Doch sie konnte sich an diesen seltsamen

Herren nicht erinnern, so dass viele Fragen an diesem Abend offenblieben.

Einige Zeit verging und Unki, Mitti und Mogli brachen zu ihrem Jahresurlaub in die Berge auf.

Am Ziel angekommen, bot sich ihnen ein atemberaubendes Panorama, da ihre Unterkunft direkt in einem von der Natur belassenen Gebiet lag. Saftiges Grün der Wiesen und steile Hänge unterstrichen die einmalige Lage des Hotels, das von Bergen umrahmt wurde.

Vom Balkon ihres Zimmers aus erhaschte man sämtliche Facetten des Naturschauspiels.

Schneebedeckte Bergkuppen, ein kleiner Wasserfall und eine ruhige Landschaft verliehen dieser Region einen besonderen Glanz. Es gab nur eine kleine Kapelle, die sich in der Mitte einer Wiese einfügte und zahlreiche Kühe. Ihre Glocken hörte man weit über das Tal hinaus.

Ein malerischer Weg durchbrach die Wiese und auch sonst luden die weitverzweigten Wege zum Wandern ein. Die Luft roch nach frischem Gras und nach Regen. Unsere drei Freunde haben den perfekten Ort gefunden, um sich in aller Ruhe von den Strapazen des Alltags zu erholen und ein paar unbeschwerte Urlaubstage zu genießen.

Der Schlüsselbund schien bis dahin ein wenig in Vergessenheit geraten zu sein. Durch Zufall hatte Mitti ihn in seiner Jackentasche mit dabei und so kam es, dass dieser am Nachmittag des letzten Urlaubstages seit langem wieder einmal zu sprechen und zu vibrieren begann.

«Mitti, Unki, ihr habt mich wohl vergessen? Noch immer habt ihr die Aufgabe, den Märchenbus zu finden. Er soll euch dann in der diesjährigen Vorweihnachtszeit in die Lebkuchengasse führen.», sprach der Schlüsselbund etwas verlassen vor sich hin, aber so, dass die beiden ihn trotzdem hörten.

«Ach ja, du bist ja auch noch da.», erwiderten beide mit voller Nachsicht und einem leicht traurigen Unterton, als ihn Mitti aus seiner Tasche nahm.

«Sag mal, hast du eine Ahnung, wo wir mit der Suche beginnen sollen? Wir haben trotz Nachdenkens absolut noch keine Idee!», gab sich Mitti inzwischen recht besorgt.

Während die beiden mit Mogli so durch die Naturlandschaft liefen, kamen sie an einer kleinen Sennerei vorbei. Hier gab es nicht nur allerlei leckeren Käse zu genießen, sondern man sah direkt, wie dieser hergestellt wird. In der Luft lag ein angenehmer Geruch aus frischer Milch und warmen Heu.

Milch von glücklichen Kühen gab es hier, denn die Kühe klingelten munter mit ihren riesigen Glocken drauflos.

Während Unki und Mitti drinnen beim Senner waren, entdeckte Mogli neben der Scheune etwas entfernt einen weiteren Stall, der ringsum verschlossen war.

«Sag mal Senner, wie kommt denn dein erstklassiger Käse in die Stadt? Du hast doch hier überhaupt kein Auto oder eine Kutsche?», fragte Unki vorsichtig.

«Gemach, Gemach, liebe Besucher. Ich habe sehr wohl hier eine gute Möglichkeit. Nebenan in der kleinen Scheune habe ich einen Bus, den ich einmal in der Woche mit Käse belade und dann auf dem großen Bauernmarkt in der Stadt zum Verkauf fahre.», antwortete der Senner.

In diesem Augenblick kam Mogli leicht bellend und mit seinem Schwanz wedelnd herein. Mitti kraulte ihn sanft hinter seinen Ohren und versuchte ihn zu beruhigen.

«Kommt doch mal nach draußen. Ich zeige euch gern meinen Lieferbus, ist schon etwas anderes, damit auf dem Markt Geschäfte zu machen. Oftmals kommen die Menschen nur zu mir, um den Bus zu sehen.», erzählte der Senner weiter, während sich alle drei nach draußen zur kleinen Scheune begaben.

Dort angekommen wurde Mogli erneut nervöser und wedelte mit seinem Schwanz. Es war fast wie ein kleiner Ventilator bei diesen warmen Temperaturen. Kurzentschlossen nahm der Senner seinen Schlüssel und öffnete hurtig die Scheunentüre. Mit einem leichten Quietschen gingen die Türen sanft auf und es kam ein außergewöhnliches Bild zum Vorschein.

«So, darf ich vorstellen: Mein Käsebus zum Verkaufen auf dem Wochenmarkt.», fuhr der Senner weiter fort.

Unki und Mitti erstaunten nicht wenig, was sie da vor sich sahen. Ein großer roter und doppelstöckiger Bus stand vor ihnen. Seine Ähnlichkeit zu den weltbekannten Linienbussen in England ist bei weitem nicht zu verleugnen. Die Fenster waren etwas angelaufen und milchig. Auf dem Dach lag einiges an Heu und sonst schien es, als ob der Bus zwischendurch einen anderen Einsatz hatte als nur zum Verkauf.

«Unsere Henne Mathilde zieht es vor, immer auf dem Busdach ihre Eier zu legen. Ist immer schwierig, sie rechtzeitig von dort weg zu holen, wenn ich am Samstag früh in die Stadt fahre.», erklärte er weiter und freute sich über das scheinbar große Interesse von Mitti und Unki über den Bus.

«Dürfen wir mal reingehen?», fragte Mitti weiter. Unki und er sahen den Senner mit großen Augen an. Der Herzschlag der beiden erhöhte sich zusehends.

«Klar, warum nicht!», kam die kurze Antwort des Senners. Ein weiteres Zischen und die Hintertür des Busses öffnete sich wenige Sekunden später. Freudig sprang Mogli zuerst in den Bus, Mitti und Unki folgten ihm nach.

Im Bus roch es nach leckerem Käse, frischem Heu und ein bisschen nach Kühen. Der Bus selbst sah nicht aus wie ein üblicher Bus seiner Klasse. Nein, es gab zwei Etagen, die durch eine kleine Treppe miteinander verbunden. In der oberen Etage erkannte man einige leere Regale, aber keine Spur von Sitzen. Unten hingegen fehlten etliche Sitzreihen und der Senner hatte dafür ein paar große Tische darin aufgestellt.

«Seht ihr, hier mache ich also meine Geschäfte.»

«Eines allerdings ist sehr komisch», fuhr der Senner fort und bat Unki und Mitti ins Fahrerabteil mitzukommen.

«Schaut mal, hier gibt es zwei Möglichkeiten, einen Zündschlüssel einzustecken. Mein Schlüssel passt nur bei einem. Komisch oder?»

Ohne groß zu überlegen, steckte er umgehend seinen Schlüssel ein. Kurz darauf hörte man das Brummen des Motors, was Mathilde aufweckte. Sie flog wie wild umher und landete auf dem Boden des Stalls.

«Warte mal, bitte. Zwei Zündschlösser?», murmelte Mitti leise, während der Senner den Motor des Busses wieder ausstellte.

«Mensch, mein Schatz!», überkam es Unki kurzentschlossen.

«Wir haben einen Schlüssel für einen Bus, den wir noch gar nicht gefunden haben.»

«Bitte, lieber Senner, dürfen wir unseren Zweitschlüssel einmal ausprobieren? Wir sind nämlich auf der Suche nach einem ganz besonderen Bus.»

«Gut, wenn ihr unbedingt wollt. Aber mein Bus ist kein besonderer Bus, es ist ein altes Museumsstück aus der Stadt. Nach dem Umbau des Museums wollte man ihn verschrotten und ich habe ihm dem Bürgermeister für wenig Geld abgekauft.», erklärte der Senner, der mittlerweile sichtlich irritiert war.

Unki kramte den Schlüssel aus der Tasche von Mitti heraus und versuchte diesen ins Zündschloss zu stecken. Es war gar nicht so einfach, denn das zweite Schloss war doch recht versteckt gewesen. Mit leicht zittrigen Händen versuchte Unki den Schlüssel in das Schloss zu stecken und anders als sonst war der Schlüssel dieses Mal vollkommen still. Kein sprechen, kein blinken, nichts.

«Aber bitte seid vorsichtig, ich brauche den Bus noch. Ganz wichtig für meine Geschäfte.»

Der Senner, der einen großen Strohhut auf hatte und eine weite blaue Latzhose trug, hoffte insgeheim, dass der Schlüssel nicht in Schloss passte.

Weit gefehlt, wie das Ei in einen Becher passte, fand der Schlüssel seinen Platz im Schloss. Unki drehte ihn, ohne zu fragen, herum und bediente den Bus ohne Probleme.

«Wir haben ihn! Wir haben ihn!», schrie Unki vollkommen aufgelöst und scheuchte mehr Hühner durch die Gegend.

«Entschuldigung, wen habt ihr bitte?», fragte der Senner munter weiter.

«Na, den Märchenbus, mein lieber Freund.», antwortete Mitti frei heraus.

«Den Märchen...??»

«Ja, den Märchen... Bus...! Ja, den haben wir seit Monaten vergeblich gesucht. Jetzt in unserem Urlaub gibt es plötzlich eine Lösung!»

«Manchmal finden sich die Ergebnisse, ohne darüber vorher nachzudenken.»

«Nachdenken», so fuhr der Senner fort, «ist manchmal nur was für meine Kühe. Die haben Zeit und einen großen Kopf. Menschen machen sich viel zu oft zu viele Gedanken.», entgegnete der Senner in einem andeutungsvollen philosophischen Grundgedanken.

«Lieber Senner, wir machen dir einen Vorschlag. Wir leihen uns deinen Bus für unsere Mission und du bekommst von uns einen vollkommen neuen Liefer- und Verkaufswagen für deinen Käse auf dem Wochenmarkt.», streute Mitti ein.

«Gut, einverstanden, denn die alte Rostlaube hat sowieso schon viele Jahre auf dem Buckel.»

Der Senner wurde mit Unki und Mitti einig. So kam es, dass die beiden ihre Heimreise angetreten haben. Unki fuhr mit dem Märchenbus und Mitti mit ihrem Auto nach Hause.

Beide unterzogen dem Bus einer gründlichen Reinigung und richteten sich im Laufe der Zeit fast schon wohnlich ein. Sie wussten immer noch nicht, wann es zur Lebkuchengasse losging.

Wie sie telefonisch erfahren haben, bekam der Senner wenige Tage später das versprochene neue Lieferauto, mit dem er mehr Käse transportierte als vorher. Seine Geschäfte in der Stadt liefen somit munter und prima weiter und dieser war zufrieden.

Inzwischen wurde es Herbst und wie in jedem Jahr fanden Unki und Mitti ihren Gefallen an den unsagbaren Färbungen der Natur.

Die Früchte dieser Jahreszeit genossen sie in vollen Zügen, sowie das Rascheln des Laubes. Bei ihren Spaziergängen im Wald umspielte eine erste kühle, frische Luft ihre Nasen und ließen den herannahenden Winter schon etwas erahnen.

Mogli genoss diese Jahreszeit besonders gerne, weil er doch vieles im Wald und auf der Wiese entdeckte.

Eines Tages: «Mein Schatz, nun steht der Märchenbus schon viele Wochen bei uns. Wir haben alles vorbereitet, aber wissen immer noch nicht, wie wir erkennen, wann wir starten sollen. Außerdem habe ich keine Ahnung, wo die Lebkuchengasse denn nun sein soll.», überlegte Mitti.

Weitere Tage vergingen, bis plötzlich eine sonderbare Meldung im Fernsehen kam. In einer Sonderberichterstattung wurde die sogenannte «Lebkuchengasse» dem Zuschauer vorgestellt. In diesem Bericht wurde erzählt, dass sich die Menschen wie in jedem Jahr auf den Märchenbus freuten. Doch leider warteten sie seit Jahren vergeblich auf ihren Märchenbus und haben langsam den Glauben daran verloren.

In dem Bericht war eine Lebküchnerei zu sehen und hier wurde der Inhaber zum Thema «Märchenbus» befragt. Sein Name war

Lunelli Lebkuchen und er dachte mit verträumten Blick an die Zeit zurück, als der Märchenbus noch in die Lebkuchengasse kam:

«Wenn nur in diesem Jahr endlich einmal wieder der Märchenbus zu uns käme, was jeden freuen würde.»

Lunelli Lebkuchen war ein besonderer Zeitgenosse. Er trug eine hohe Kochmütze, dazu eine lange Schürze, die er zweimal um seinen Bauch gebunden hat. Sein kariertes Hemd sah ebenso lustig aus wie die gestreifte Hose und hellblauen Schuhe.

Lunelli brachte seine Botschaft wie einen Appell im Fernsehen und hoffte darauf, dass der Märchenbus in diesem Jahr zur Vorweihnachtszeit in die Lebkuchengasse kam.

So geschah es. Am Abend zum ersten Advent nahmen Unki und Mitti für ihre diesjährige Weihnachtsbäckerei die ersten Rezepte zur Hand. Es duftete im ganzen Haus nach den unterschiedlichsten weihnachtlichen Gewürzen. Wie in den Vorjahren gab es Snigger Doodles, auch selbst gemachte Zimtsterne und allerlei verschiedenen Plätzchen fanden den Weg in den Backofen.

Mitti und Unki liebten die weihnachtliche Bäckerei, denn das Haus wurde so von einer einmaligen, festlichen Atmosphäre erfüllt.

Das Vorbereiten, Backen und Probieren dauerte dieses Mal bis weit in die späten Nachtstunden hinein. Zunächst haben Unki und Mitti es gar nicht mitbekommen, dann aber war das Läuten einer Kuhglocke vor ihrem Eingang in den Garten nicht mehr zu überhören.

Vorsichtig gingen beide leise auf Zehenspitzen an ihre Türe und Mogli folgte ihnen ebenfalls auf sanften Pfoten. Man vernahm nur das leise Knarzen ihres Parkettbodens und das stille Atmen ihrer doch aufgeregteren Gemüter.

Wieder ertönte eine Kuhglocke, aber alle drei entdeckten beim besten Willen nichts. Nachdem beide die Türe vorsichtig öffneten, schlichen sich Mitti und Unki mit einer Taschenlampe in ihren Garten und versuchten, etwas von diesem doch ungewöhnlichen Geräusch zu später Stunde zu erhaschen.

Zum Glück war es in diesem Jahr nicht so kalt und der Schnee ließ weiter auf sich warten. Schnobi Schneebär war zu dieser Zeit im Urlaub am Gardasee und kam erst in ein paar Wochen zurück. Das ist der wahre Grund, warum der Schnee immer so lange auf sich warten lässt. Schnobi Schneebär fiel es immer ein bisschen schwer, sich von seinem Feriendomizil zu trennen.

Wieder läutete es, aber dieses Mal doch deutlich lauter als die beiden Male vorher. Leise und mit trotzdem aufgeregter Stimme flüsterte Unki: «Was wohl dieses Leuten bedeuten soll?»

«Keine Ahnung.»

Schon wieder kam das Läuten einer Kuhglocke an die Ohren der beiden. Unki und Mitti folgten dem Weg ein paar Schritte durch das Laub und plötzlich stand der Märchenbus hell erleuchtet vor ihnen. Seine Hupe klang so wie eine Kuhglocke. Als dieser Mitti, Unki und Mogli sah, begannen seine Scheinwerfer ganz hell zu erstrahlen. Es wurde also Zeit, sich auf den Weg in die Lebkuchengasse zu machen, weil die Menschen dort sehnlichst auf den Besuch warteten.

Verdutzt setzten sich Unki, Mitti und Mogli wieder in Bewegung zurück zu ihrem Haus. Der erste Advent kam und nach dem gemütlichen Adventsfrühstück geschah, was geschehen das Unfassbare.

Vor ihrem Haus ertönte ein lautes Motorengeräusch. Der Märchenbus war scheinbar schon wieder wach und heute definitiv startbereit.

«Hörst du das auch?»

«Ja, der Bus. Aber wer um alles in der Welt...?»

Mitti und Unki rannten sofort nach draußen. Vollkommen außer Atem sahen sie, wie der Märchenbus abfahrbereit vor ihrer Tür stand und in diesem Augenblick seine Türen öffnete.

Zur gleichen Zeit kam folgende Ansage: «Bitte alle einsteigen! Der Märchenbus fährt in wenigen Minuten ab. Reiseziel: Lebkuchengasse!»

Unki und Mitti holten sich schnell etwas Warmes zum Anziehen und ihren treuen Begleiter. Sonst hatten sie es sich ja im Bus schon gemütlich eingerichtet, weil sie immer wieder auf einen spontanen Start gehofft haben.

Die drei brachen wenige Augenblicke später mit dem Märchenbus auf. Unki nahm am Lenkrad ihren Platz ein, Mitti war daneben und Mogli richtete es sich in einer extra für ihn geschaffenen Kuschelecke gemütlich ein. Wie von Geisterhand gesteuert, erhob sich der Märchenbus in die Lüfte und flog in Windeseile über die Heimat von Unki und Mitti. Alles erschien recht klein wie auf einer Spielzeugeisenbahn, die Menschen, die Häuser und die Autos.

Mit Spannung erwarteten Unki und Mitti ihr neues und unbekanntes Ziel: die Lebkuchengasse. Doch bevor diese ihr Ziel erreichten, verlief ihre Reise eine ganze Weile durch die Lüfte.

Plötzlich gab es einen unverhofften Moment, wo es für kurze Zeit tiefblau wurde, fast so wie zu Beginn einer sternklaren Nacht. Zeitgleich rieselten unzählig viele Sterne im Raum durcheinander.

Kurz darauf lag eine kleine, verträumte Stadt, die sanft mit Schnee bedeckt war, unter ihnen. Mit großen Augen erkannten Unki und Mitti das Schild «Lebkuchengasse» von ihrem Fahrersitz aus.

Die beiden waren schon gespannt darauf, was sich auf ihrer Entdeckungstour durch die Lebkuchengasse abspielte. Obwohl es ein wolkenloser Himmel war und die Sonne nicht mit ihren Strahlen sparte, fegte ein eisiger Wind um ihre Nasen, als sie aus dem Bus ausgestiegen sind.

Es ist wichtig, zu wissen, dass die Lebkuchengasse als einzige Gasse in der Welt keinen Anfang und kein Ende kennt, selbst die Hausnummern haben kein System und sind wahllos nummeriert.

Mitti, Unki und Mogli streiften die linke Häuserzeile ein wenig entlang. Vieles gab es in diesem idyllischen, kleinen Gässchen zu entdecken: Ein altes Kino sahen die drei zuallererst. «Kino in der Lebkuchengasse» war am Eingangsbereich angebracht und es sah fast so aus, als ob es schon viele Jahre geschlossen hatte. Das kleine Kassenhäuschen am Eingang war mit einem dunkelroten Vorhang zugezogen und die Preisliste war mit DM ausgezeichnet.

Ein paar Meter weiter folgte ein nostalgisch anmutender Blumenladen. Vorweihnachtlich war das Schaufenster geschmückt. Auf einer alten, verrosteten Metalltreppe standen liebevoll vorbereitete Gestecke und Kränze für das vor uns liegende Weihnachtsfest. Nach diesem Geschäft schloss sich ein weiteres nostalgisches Gebäude an. Es war das «Central Hotel», das sich mit der hellblauen Fassade und den grasgrünen Fenstern aus dem Straßenbild heraustach. Eine kleine weiße Tafel am Eingang verriet die heutige Speisekarte mit frischer Gans und leckerer Suppe.

Unki und Mitti lief das Wasser im Mund zusammen, weil sie von ihrer Fahrt einmal mehr einen Bärenhunger hatten. Hinzu kam, dass es im Eingangsbereich verlockend nach diversen frischen Braten roch – fast so wie am Morgen des ersten Weihnachtsfeiertages.

Einige Meter weiter wartete ein nächstes Highlight auf sie. Dort gab es doch ein Spielwarengeschäft, wo viele alte und rare Spielsachen im Schaufenster ausgestellt waren.

Unki, Mitti und Mogli drückten wie kleine Kinder ihre Nasen an die Schaufensterscheibe und schienen in ihren Kindheitserinnerungen zu schwelgen.

Ein bewundernswertes Puppenhaus gab es ebenso wie eine Eisenbahnanlage zu bestaunen. Zudem gab es eine Vielzahl an mechanischen Spielwaren, wie man sie aus den fünfziger, sechziger und siebziger Jahren kannte, zu entdecken. Im Anschluss folgte ein weiteres Geschäft mit dem Namen «Teestube» und eine nostalgische anmutende Apotheke. Es gab eine schmiedeeiserne Tür und die beiden kleinen Fenster rechts und links der Türe waren ebenfalls wieder weihnachtlich geschmückt. Ein warmes, orange wirkendes Licht schien durch beide Fenster und durch den Spalt der leicht geöffneten Türe. An der Türe stand der Name der Apothekerin Fräulein Cecilia Abendroth. Darunter eine kleine Werbung die allerlei Wundermittel und alte Hausrezepte vermuten ließ.

Die Sonne begab sich langsam hinter den Horizont und hatte den bitterkalten Temperaturen immer mehr Raum gegeben. Mitti, Unki und Mogli packte langsam von der kleinen Fußzehe an das Gefühl der Kälte, die sich Sekunde um Sekunde in ihnen ausbreitete. Sie sehnten sich nach einer kleinen Stärkung und ein bisschen Wärme.

Die wenigen Menschen, die zu diesem Zeitpunkt in der Lebkuchengasse unterwegs waren, setzten sich alle in Richtung eines Hauses auf der gegenüberliegenden rechten Seite in Bewegung. Bisher erahnten unsere drei nicht, was sie dort erwartete. Die Neugierde trieb sie in einem flotten Schritt dorthin.

«Wird Zeit, dass wir uns endlich ein bisschen aufwärmen nicht wahr?», fragte Mitti mit bibbernder Stimme seine Frau fürsorglich. «Ich glaube, ich habe da ein Schild aus der Ferne gelesen, dass es dort Kaffee, Tee und allerlei Leckereien geben soll. Wir folgen einfach mal den Menschen hier», entgegnete Unki spontan. Mogli trabte seinem Frauchen und Herrchen müde hinterher.

Kurze Zeit später standen sie vor einer historischen Lebküchnerei, die in einem Eckhaus auf der rechten Seite der Lebkuchengasse untergebracht war. Stilvolle, große Fenster ermöglichten einen ersten Einblick. Beim genauen Hinsehen erkannte man, dass die Lebküchnerei wie ein großer Lebkuchen aussah, was auch der Gasse ihren Namen gab. Sogleich betraten Mitti, Unki und Mogli diesen fast magischen anmutenden Ort und genossen eine einmalige, weihnachtliche Gemütlichkeit. Die Verkaufstheke war genauso außergewöhnlich wie die Auswahl an Lebkuchen und anderem leckeren Gebäck.

Unsere drei Freunde haben kurz darauf mit der Verkäuferin gesprochen, die sich als Zetha Zimtstern vorgestellt hat und schon viele Jahre hier arbeitete. Ihre braunen, langen Locken und ihre warme Stimme zauberten so manchem Kunden stets ein Lächeln auf die Lippen und lies den Alltag für einen Moment in den Hintergrund rücken. Zetha war ein absoluter Profi, wenn es um Lebkuchen ging, denn sie kannte wirklich alle Sorten auf der Welt und wusste immer ganz genau, was sich ihre Kunden wünschten.

Heute waren nicht so viele Gäste in der Lebküchnerei, so dass Zetha die Zeit fand, ein bisschen in der Geschichte und der Besonderheit dieses einmaligen Hauses zurückzublicken:

Schon seit man denken kann, wird die Lebküchnerei in alter Familientradition geführt, mittlerweile schon in der fünften Generation. Inhaber dieses renommierten Geschäftes ist Lunelli Lebkuchen, einem wahren Meister und Starbäcker, wenn es sich im Besonderen um weihnachtliche Leckereien handelt.

Lunelli war ein Mann mittleren Alters, der nicht nur durch seine Größe, sondern auch durch einen einmaligen Humor in der Lebkuchengasse bei allen bekannt und beliebt ist. Er trug meistens eine riesige Schürze, mit der er nicht nur in der Backstube, sondern auch in seiner Lebküchnerei herumlief. Diese hatte zwei kleine Taschen, in die er seine Nickelbrille und sein Rezeptbuch gut versteckt hatte. Das halbe Jahr über war er am Ausdenken und Suchen von neuen Kreationen an Lebkuchen, weil er anstrebte, seine Kunden immer wieder aufs Neue mit exotischen Kostbarkeiten zu überzeugen und zu überraschen.

Nach diesem ersten Kennenlernen haben es sich Unki, Mitti und Mogli haben es bei leckeren Lebkuchen und warmen Kakao gut gehen lassen. Beim Lesen der Speisekarte mussten sie ein wenig schmunzeln. Stand doch auf der Rückseite ein eigenes Rezept für die besten Lebkuchen der Welt.

Um den perfekten Lebkuchen für dein Leben zu zaubern, brauchst du folgende Zutaten:
100 g Gelassenheit,
300g Selbstvertrauen,
250 g Zuversicht,
ausreichend Gesundheit,
genügend Glück und Verstand,
deinen festen Glauben,
große Kreativität,
etwas Verrücktheit,
genügend Idealismus,
ungemein viel an Geduld,

viele Träume und unzählige Visionen,
unendliche Liebe.
Verpack alles in willkommene Gedanken,
unvergessene Momenten und
begib dich mit deinen Lieben
auf den Weg!
Das Leben ist zu kurz für
drittklassige Lebkuchen!

In den folgenden Tagen kamen interessierte Besucher zum Märchenbus und ließen sich die eine oder andere Geschichte von Unki und Mitti erzählen. Sie hatten viele unbekannte Märchen, Sagen, aber auch nachdenkliche und besinnliche Geschichten in ihrem Angebot.

Der Weihnachtsbibo

Sanft funkelnd lag der Neuschnee der vergangenen Tage auf den Häusern der Stadt und es schien fast so, als ob der Winter in diesem Jahr seine behutsame Hand auf den verträumten Ort gelegt hatte.
Zu jener Zeit war langsam die Hochphase des Weihnachtsbibos, der eine wichtige Unterstützung für das Christkind darstellte. Wie schon längst in Vergessenheit geraten ist, ist der Weihnachtsbibo der Chef aller

Bibos auf der Welt, die es erst ermöglichen, dass alle zur richtigen Zeit auf der Welt ihre Wünsche erfüllt bekommen.

In diesem Jahr war es etwas schwieriger, mit allen Bibos Kontakt aufzunehmen, da durch den vielen Schnee sämtliche Kommunikationswege ausgefallen sind.

So saß der Weihnachtsbibo vor dem warmen Kamin in seinem grünen Ohrensessel und dachte sich: «Was ist denn nun zu tun? Ich kann niemanden rechtzeitig Bescheid geben, wer wann, wie, welche Weihnachtsgeschenke bekommen soll.»

«Traurige Menschen gibt es nun wirklich genug. Zeit also, dass ich meinen anderen Freunden auf der Welt den Geschenkeplan zukommen lassen muss.», ging es dem Weihnachtsbibo so durch den Kopf, während er seine heiße Trinkschokolade genoss. Diese erfüllte den Raum mit einer süßlichen, schokoladigen Note, die Lust auf mehr machte. Im Halbschlaf versunken bemerkte er, dass es erneut schneite und die riesigen Flocken fröhlich in der untergehenden Sonne tanzten. Eine Weile verging und aus heiterem Himmel gab es einen nicht zu überhörenden Knall in der Ferne.

Wie von der Tarantel gestochen, schreckte der Weihnachtsbibo auf und rannte an sein

Fenster so schnell, dass sein restlicher Kakao leider den Weg über den Teppich nahm.

«Nicht mal am Abend hat man seine Ruhe. Immer nur wieder diese Hektik wie sonst auch das ganze Jahr über. Wer denn das nur wieder ist?», grummelte er vor sich hin und zog dabei den warmen, roten Wintermantel an, sowie die große, grüne Bommelmütze. Schnurstracks rannte er hinaus in die Kälte. Denn der Weihnachtsbibo war von Natur aus ein wissbegieriger Zeitgenosse.

Mit kleinen Schritten bewegte sich der Bibo immer weiter, bis dieser einen Heißluftballon erblickte. Wie aus dem Nichts kam dann folgende Stimme: «Hallo, mein lieber Freund! Hier oben bin ich. Hallo!», rief es unermüdlich und der Weihnachtsbibo traute fast seinen Augen nicht.

«Gestatten, mein Freund: Ich bin ein sogenannter Schubibaudi. Ja, du hast es richtig gehört. Mich gibt es schon viele Jahrzehnte lang. Du musst der Weihnachtsbibo sein oder?», fragte der Schubibaudi vorlaut und witzig.

«Ja, der bin ich. Was willst du denn bei mir? Woher? », begann der Weihnachtsbibo zu fragen, wurde dann unterbrochen.

«Na, du weißt es noch gar nicht? An diesem Weihnachtsfest fallen die Geschenke doch diesmal alle aus. Keiner der anderen Bibos kann auch nur eines von ihnen verteilen. Der viele Schnee, der Ausfall des Internets auf der ganzen Welt, der Sonderurlaub, nichts geht mehr an diesem Weihnachtsfest.

Ist eine Anordnung von ganz oben. Die Menschen sollen endlich wieder einmal lernen, sich auf das Wesentliche an Weihnachten zu konzentrieren.», sprudelte es nur so aus dem Schubibaudi heraus.

Wie erstarrt stand der Weihnachtsbibo vor dem kleinen Heißluftballon und schaute zu seinem Überraschungsgast hinauf. Die eisige Kälte schien in diesem Moment vollkommen vergessen zu sein, vielmehr es war ein lustiger Anblick, der sich hier bot.

«Du, du meinst, dass ich dann auch dieses Jahr frei habe? Keinen Stress, keine Planungen, keine Konferenzen mit den anderen Bibos?», fragte der Weihnachtsbibo mit zurückhaltender Stimme.

«Nein, nichts dergleichen. Du hast jetzt auch deinen wohlverdienten Urlaub. Alle deine Freunde und Kollegen wissen Bescheid. Erhole dich und lass es dir gut gehen. In diesem Jahr reisen nur wir Schubibaudis um die Welt und schenken jedem Menschen ein Lächeln, das ihr Herz und das des Nächsten erwärmen soll. Mehr nicht, denn das ist das

größte was es gibt. Neben der Liebe natür-
lich.», erklärte der Schubibaudi dem nach
wie vor verdutzten Weihnachtsbibo.

«Ich muss jetzt wieder los und vergiss nicht:
Fest der Liebe!», hörte man aus der Ferne,
denn der Heißluftballon war schon wieder
über die schneebedeckten Baumwipfel hin-
fort geflogen.

Kopfschüttelnd, aber zufrieden begab sich
der Weihnachtsbibo zurück in seine kleine
Wohnung und er begann seine freie Zeit in
vollen Zügen zu genießen.

Als das Weihnachtsfest
fast zu spät begann

Warm und gemütlich hatten es sich Kurt und
seine Katze Ruffel an diesem bitter kalten
Adventssonntag gemacht. Es waren ein paar
wenige Tage bis zum herannahenden Weih-
nachtsfest und beide erholten sich in ihrer
freien Zeit, denn bald schon kam ihr großer
Einsatz.

Kurt, so sei an dieser Stelle erwähnt, ist der
Engel, der jedes Jahr die Weihnachtsge-
schichte allen Menschen auf der Welt aufs
Neue erzählt. Dies ist der Moment, an dem
alles passen muss und kein Fehler unterlau-
fen darf.

Doch in diesem Jahr kam es dann anders als gedacht. Schon Tage vor dem Heiligen Abend hat sich Ruffel abgeschlafft gefühlt und kam nur selten aus seiner Kuscheldecke neben dem Kamin hervor. Kurt stand die Sorge tief ins Gesicht geschrieben.

«Was soll ich nur mit meiner Katze Ruffel machen? Irgendwie schleppt sie seit Tagen diese Beschwerden mit sich herum. Doktor Pedro Pappenstil hat auch schon Urlaub und kann leider nicht helfen.», ging es dem besorgten Weihnachtsengel durch den Kopf, wobei er seine beiden Flüge deutlich auf den Boden hängen ließ.

Am gleichen Abend gab es für seine Katze Ruffel eine warme Milch mit einem großen Löffel leckeren Waldhonig. Ruffel trank ein paar Schlucke und legte sich dann sichtlich erschöpft neben dem Kamin zum Schlafen. Lange Zeit saß Kurt bei Ruffel und streichelte ihn weiterhin sanft. Sein Fell fühlte sich in der warmen Decke geschmeidig an. Der Weihnachtsengel spürte eine deutliche Hitze, die seine Katze ausstrahlte. Hatte sie ein bisschen erhöhte Temperatur?

Kurt setze ihm eine rote Bommelmütze auf den Kopf und wickelte die Katze in eine warme Decke. Liebevoll streichelte er Ruffel mit den Worten: «Mein Guter, werde bald

wieder gesund und jetzt mach ein schönes Ni-
ckerchen.»

Fast gleichzeitig flog der Rabe Rodolfo seine
abendliche Runde und kam dabei an einem
Stall vorbei, der von innen her hell erleuchtet
war. Durch das geöffnete Fenster flog Ro-
dolfo ins Innere des Stalles und traute seinen
Augen nicht.

Goldgelbes Heu war überall auf dem Boden
verteilt und in der Mitte stand sogar eine höl-
zerne Futterkrippe, die ebenfalls reichlich
mit Stroh ausgelegt war. Eine rote Laterne
erfüllte den Raum in einem sanften, anmuti-
gen Licht.

Rodolfo dachte: «Das ist eine Leichtigkeit,
diese kleine Laterne mitzunehmen und zu-
dem genau das, was ich brauche.»

Zielstrebig flog Rudolf an die Decke des Rau-
mes, wackelte ein wenig und nahm die
Lampe aus der Befestigung, die sich fast von
selbst löst.

Kurze Zeit später war der Rabe mitsamt der
Beute weg. Im kleinen Stall wurde es sofort
dunkel. Sein Weg zu seinem Geheimversteck
führte ihn über Wälder und Wiesen und da-
bei war dieser durch das rote Licht kaum zu
übersehen.

Während einer kleinen Pause traf er auf eine
Schafherde mit einem Schäfer und einem
knurrenden Schäferhund.

«Was hast du denn da?», fragte Fred das neugierigste Schaf aller Zeiten.

«Nichts weiter. Ich brauche nur zu Hause mehr Licht. Das habe ich zufällig in einem Stall nicht unweit von hier gefunden. Braucht doch eh keiner.», antwortete der Rabe Rodolfo mit einem spitzen Schnabel.

Die anderen Schafe schauten ihn verdutzt an, bis allen ein unbedenkliches «Mäh» entfleuchte.

«Wo ist denn dieser Stall? Wir sind nämlich auf der Suche nach einem.», fragte Klara vorlaut. Sie war ein neugieriges kleines Schaf.

«Ihr müsst den Weg immer geradeaus gehen und vorne an der großen Eiche nach rechts abbiegen. Dann könnt ihr den Stall schon erkennen. Aber glaubt mir: Es gab nichts Besonderes.», antwortete Rudolf und flog seines Weges weiter.

Ein wenig später kreuzten drei Kamele seinen Weg, die in Begleitung von festlich gekleideten Männern waren.

«Wohin des Wegs?», überkam es Rodolf, denn auch er war ein interessierter Rabe.

«Wir sind auf dem Weg zu einem kleinen Stall, der hier in der Nähe sein soll. Dort soll heute Nacht ein großes Wunder geschehen. Hast du was davon gehört? Weißt du, wie wir gehen sollen, denn unsere drei Könige sind leicht verwirrt.», sprachen die drei Kamele durcheinander und aufgeregt.

«Ach. Ihr sucht auch einen Stall wie die Schafe? Das ist ja lustig!», kicherte der mittlerweile ein bisschen aufgeregte Rabe Rodolfo und fuhr fort: «Also, von einem Stall komme ich gerade. Aber glaubt mir, dort ist nichts weiter los. Kein Mensch, kein Tier und schon gar nicht ein Wunder. Aber, wenn ihr dorthin gehen wollt, müsst ihr einfach diesen Weg hier weitergehen. Vielleicht sind es noch etwa 3 km. Dann seid ihr am Stall, aber es ist wirklich nichts los. Trotzdem viel Glück!», murmelte es aus Rodolfo so heraus. Fast am Ziel angekommen, kam der Rabe am Bauernhof von Bauer Baldrinus Blattwurzel vorbei um seinen drei Freunden Erich, Fina und Maria einen kurzen Besuch abzustatten. Kaum hatte er das Pferd Mathilde gesehen, ließ er sich darauf nieder.

«Na, Rodolfo, was machst du denn hier mit der Laterne? Einfach so mitgenommen?», schaute ihn Mathilde fragend an. «Wie mitgenommen? Nein, nein, die fehlt sicher niemanden. War in einem leerstehenden Stall auf einer großen Lichtung am Ende des Waldes.», antwortete der Rabe leicht gestresst, aber deutlich verunsichert.

«Du meinst, das Licht ist zu einfach aus dem Stall gefallen? Wenn das mal jemand fehlt, mein treuer Freund.»

Aus den Ställen hörte man die Hühner von der anderen Seite des Hofes und das Tuckern des Traktors von Bauer Baldrinus Blattwurzel, der zu dieser Zeit in die Halle neben den Schweinen fuhr.

«Heute Nacht soll ein Wunder geschehen. Hast du das schon gehört, Rodolfo?», fragte der Ochse nach.

«Ein Wunder? Jetzt fangt ihr auch noch damit an! Das ich nicht lache! Zuerst die Schafe auf der Lichtung, dann die drei Kamele mit ihrem königlichen Begleitern und nun auch noch ihr. Ich weiß nicht was ihr alle von mir wollt.», entgegnete Rodolf und flog ohne weitere Worte auf und davon.

Wenige Minuten später zurück im Hause des Engels Kurt. Seiner Katze Ruffel ging es leider immer noch nicht besser. Kurt lief nervös in seinem Haus auf und ab und dachte laut vor sich hin: «Was soll ich denn tun? Wie sollen die Menschen doch nur von der freudigen Botschaft erfahren, wenn ich mich um meinen kleinen Stubentiger kümmern muss? Ich kann ihn nicht den ganzen Abend und die Nacht alleine lassen. Das ausgerechnet am Heiligen Abend.»

Tief im Gedanken versunken macht es drau-
ßen einen lauten Krach vor seiner Haustüre.
Wie vom Blitz getroffen, rannte der Weih-
nachtsengel sofort nach draußen. Was für
ein Anblick sich ihm bot, war zunächst nicht
in Worte zu fassen. Vor seiner Tür lag im
tiefsten Schnee eine rot leuchtende Laterne
auf dem Kopf gedreht und ein verwirrt drein-
blickender Rabe.

«Ach, du liebe Zeit. Ist dir etwas passiert?»,
schrie Kurt vor lauter Entsetzen. Rodolfo
konnte sich gar nicht richtig bewegen, ge-
schweige denn reden und blickte sichtlich
verwirrt zum Weihnachtsengel Kurt auf.

«Ent, Ent, entschuldigen Sie bitte», stotterte
Rodolfo und fuhr fort: „Ich habe das Vogel-
haus hier nicht gesehen. Tut mir leid, ich hel,
hel, helfe jederzeit beim Re, Re, Reparie-
ren.»

«Mach dir keine Sorgen. Das mache ich
schon wieder.», entgegnete Kurt.

«Zu blöd», sprach er weiter, «heute ist
Weihnachten und ich habe ein großes Prob-
lem. Ein größeres Problem als das kaputte
Vogelhaus hier.»

«Was ist denn los? Wer sind Sie eigentlich?»,
fragt Rodolfo, der mittlerweile seinen ersten
Schock überwunden hat.

«Gestatten: Kurt, der Weihnachtsengel. Du kannst gerne «Kurt» zu mir sagen.», antwortete er in einem freundlichen Ton.

«Ich heiße Rodolfo und wohne ganz in der Nähe der alten Lagerhalle. Aber Moment Mal, ein Weihnachtsengel? Was ist denn das genau?», fragte der Rabe mit großen leuchtenden Augen.

«Der Weihnachtsengel ist die Person, die am Abend des 24. Dezember, also heute, allen Menschen auf der Welt die Botschaft überbringt, dass unser Herr Jesus Mensch geworden ist.», gab Kurt zur Antwort.

«Gottes Sohn, Mensch geworden?! Na klar, jetzt verstehe ich! Allen, denen ich begegnet bin, haben von einem Wunder gesprochen, das heute passieren soll.», dachte Rudolf so vor sich hin.

«Gottes Sohn wird in einer kleinen Krippe geboren, die sich in einem Stall befindet, wo auch ein Pferd, ein Ochs, ein Esel sowie eine Schafherde mit Schäfer und die Heiligen Drei Könige untergebracht sind. Ein Stern zeigt Ihnen den Weg. Und eine rote Laterne erfüllt den Stall mit weihnachtlichen Licht.», ergänzte Kurt seine Rede.

«Ein Stall, ein Stern, eine rote Laterne? Alles klar! Ich war heute schon in diesem Stall und die rote Laterne ist dann davon. Ich dachte, die braucht eh keiner und ich habe sie mitgenommen. Was soll ich nur machen?», fragt Rodolfo den Weihnachtsengel vollkommen verzweifelt.

«Was soll ich denn nur machen? Die Katze ist krank. Ich muss auf sie aufpassen und kann in diesem Jahr nicht die Geschichte von der Heiligen Nacht überbringen.»

Beide schauten sich eine Weile schweigsam an. Das war schon ein komisches Bild von einem Weihnachtsengel und einem kleinen Raben, die beide von Schnee bedeckt waren und um die der Wind lustig herumwirbelte. Plötzlich wie aus heiterem Himmel:

«Ich hab´s!»

«Ich auch!»

«Könntest du mir vielleicht helfen?»

«Könntest du mir vielleicht auch helfen?»

«Nun ja, die Laterne muss dringend in den Stall zurück. Alle sollen dort das Jesuskind mit Maria und Josef und allen anderen sehen können. Ich kann aber Ruffel, die Katz nicht mitnehmen, weil sie noch krank ist.», sprach der besorgte Weihnachtsengel.

«Das ist genau meine Idee, mein Freund. Ich brauche etwas Ruhe vor meiner Bruchlandung und ich kann mich um Ruffel kümmern.», entgegnete Rodolf seinem neuen Freund Kurt.

«Also abgemacht. Du bleibst bei Ruffel und ich fliege jetzt los zum Stall. Wir sehen uns dann später. Mein Haus ist völlig offen. Bitte gib ihm warme Milch und pass gut auf sie auf.», überkam es Kurt und war schneller als der Blitz wie vom Erdboden verschwunden.

Rodolf hingegen kümmerte sich um Ruffel, die Katz, die sich schon sichtlich besser fühlte. Der Weihnachtsabend dieses Jahres war wieder etwas Besonderes und Kurt brachte die rote Laterne rechtzeitig in den Stall zurück. Wenige Zeit später waren Ochs, Pferd und Esel zusammen mit Maria, Josef und dem Jesuskind im Stall vereint. Die Schafherde mit dem Schäfer fehlte nicht. Sichtlich erleichtert begann der Weihnachtsengel Kurt mit der Verkündigung der Weihnachtsgeschichte, wurde dann aber mit einer großen Überraschung durchbrochen. Nicht nur die Heiligen Drei Könige waren in diesem Jahr pünktlicher als geplant da, nein, auch der Rabe Rodolfo kam zusammen mit Ruffel, die Katz durch das offene Fenster herein.

Behutsam legte er die Katze ins warme Stroh, worauf sie sich von ihrer nicht alltäglichen Reise langsam wieder erholte.

«Danke, mein Freund, dass du dich um meine Katze gekümmert hast.»

«Danke, dass du das Licht wieder in den Stall zurück gebracht hast.»

Jetzt war die richtige Weihnachtsordnung wiederhergestellt. Jeder hatte seinen Platz an der Krippe gefunden und konnte die Menschwerdung von Gottes Sohn feiern.

Storch Arie und Rieke auf dem Weg zum Glück

Ein langer und harter Winter war es wieder einmal gewesen und das Storchpärchen Arie und Rieke wollten Afrika zunächst gar nicht verlassen. Dort war es so attraktiv und die Sonne schien den Tag über bei einem wolkenlosen Himmel.

In jener Jahreszeit, wenn es in Europa schneit und in Afrika angenehm warm ist, treffen sie immer zwei Elefanten, in denen sie Freunde gefunden haben. Die beiden sahen so aus wie ein Elefant, der einer der Hauptattraktionen in der ehemaligen Märchenschau in einem kleinen Städtchen war. Sie hatten zwei lange Zähne und immer, wenn die Elefanten sich mit den Störchen unterhielten, tröteten sie lautstark vor Freude.

Anfang April war es dann soweit: Wie an jedem Morgen trafen sich die vier Freunde an der Flussböschung, um miteinander den Sonnenaufgang zu genießen.

«Liebe Freunde, langsam müssen wir unsere Heimreise wieder antreten. In Europa kommt der Frühling in großen Schritten und wir wollen doch nur allzu gerne wieder auf dem Schlot von der alten Fabrik unsere Brutstätte beziehen.» Arie begann heftig mit den Flügeln zu schlagen.

Zunächst nur tiefes Schweigen.

«Ach, bleibt doch am besten das ganze Jahr bei uns. Es ist immer sonnig und warm und wir können jeden Tag etwas zusammen unternehmen.», überkam es einem der Elefanten mit leichter trauriger Stimme.

Die Sonne stieg währenddessen langsam am Horizont empor und es war eine wahre Augenweide zu betrachten, wie sie ihre warmen Strahlen immer mehr auf die Erde verteilte.

«Wir kommen ja wieder – im nächsten Herbst und dann sind wir wieder ein paar Monate zusammen», beruhigte Rieke die beiden aufgewühlten Freunde.

«O. k., o. k. Wir wollen euch nicht aufhalten. Umso mehr freuen wir uns auf unser Wiedersehen.»

Eine ganze Zeit saßen sie an der Flussböschung zusammen, bis Arie und Rieke schweigsam ihre Flügel öffneten und den langen Weg nach Europa zurück antraten. Die beiden Elefanten spürten deutlich den leichten Luftzug, den ihre Flügel ihnen auf den

Wangen hinterließen. Sie trockneten ein klein bisschen die Tränen, die ihnen in dieser Situation überkamen.

Entfernungen sind für Störche kein großes Problem, denn unsere Freunde haben Kraft und Ausdauer, um ihren Weg sicher und zielstrebig zurückzulegen.

Arie und Rieke wussten, wohin der Weg sie führen soll. Eine alte, leer stehende Fabrik in einer kleinen und gemütlichen Stadt am Rande von vielen Bergen, war das Ziel ihrer Reise. So vergingen ein paar Tage, an denen sich Arie und Rieke durch die Luft bewegten. Für beide war es befreiend, einmal die Welt von oben zu entdecken mit vollkommener Leichtigkeit und das Gefühl der unendlichen Freiheit lies ihre Rückreise schnell vergehen. Aus der Ferne entdeckten Rieke und Arie ihre Heimat aus dem Vorjahr deutlich. Zunächst war es ein bisschen klein, aber wenige Minuten später war alles klar und sie freuten sich beide riesengroß.

«Schau mal, mein Schatz, dort, ich sehe unsere alte Wohnstätte schon ganz deutlich.», rief Rieke ihrem Arie zu. Dieser fand im Augenblick gar keine Worte und flog immer schneller, um als erster auf dem hohen gelben Fabrikschlot landen zu können.

Die beiden Störche haben nach einigen Strapazen ihr Ziel endlich erreicht, sie haben durchgehalten. Der Glaube an sich selbst, ihr Mut und ihre Hoffnung haben sie über jede Hürde und jedes Hindernis gebracht, sodass sie dort angekommen sind, wo sie hinfliegen wollten.

Es vergingen die Jahre, in denen sie es genauso unternommen und ihre Freunde immer wieder getroffen haben. Ist es nicht sonst so? Soll man seine Ziele, die man vor Augen hat, nicht in der gleichen Beständigkeit verfolgen wie Arie und Rieke? Hat man dann ein oder mehrere Ziele erreicht, dann sucht man sich neue, für die es sich lohnt, einen neuen Weg einzuschlagen.

Eines Morgens hingen in der Lebkuchengasse einige bunte Plakate. Auf ihnen war mit unterschiedlichen Farben geschrieben: Der Redekünstler Herr Vollmondregenbogen kommt – erlebt einen Spätnachmittag voller rauschender Gedanken. Mehr in Kürze.

Die Menschen in der Lebkuchengasse waren überrascht und verwundert und Mitti und Unki in ihrem Märchenbus wussten keine weiteren Informationen über den bisher unbekannten Gast.

Etwa zwei Tage später wurden die Plakate um eine weitere Information ergänzt: Samstag ab 17:30 Uhr hier auf dem Sternplatz neben der Lebkuchengasse.

Es war ein gemütlicher und ein bisschen warmer Tag im Dezember, als plötzlich ein altes, rotes Auto in der Lebkuchengasse, angekommen ist. Das Brummen und Klappern des Autos war nicht zu überhören. Wenn man aufmerksam war, hörte man aus dem Autos Oldies der sechziger Jahre.

Überrascht durch diese ungewöhnliche Situation eilte Zetha Zimtstern und Lunelli Lebkuchen aus der Lebkuchengasse, aber auch Mitti, Unki und Mogli liefen voller Neugierde zum alten Wagen. Als dieser in der Lebkuchengasse stehen blieb, warteten sie mit gespannter Mine, wie und was sie denn erwartete.

Die Fahrertür des Wagens öffnete sich mit einem deutlich zu hörenden Quietschen, ähnlich wie bei einer alten nicht geölten Holztür. Mitti und Unki, sowie Zetha und Lunelli schauten sich sprachlos an. Mogli war inzwischen schon zu ihnen geeilt und versteckte sich hinter dem Fahrradständer neben der Lebküchnerei, wo sich das alte Gefährt niederließ.

«Hallo, Holdrio, hehe, hier hin Helen Hering hommen. Hein Hame hist Hedekünstler

Hollmondregenbogen, hich habe hiele Haas hegessen hund hun huss hich hie halle hoswerden.»

Ein mittelgroßer, älterer Mann stand vor ihnen. Er hatte graue, lange Haare, eine schwarze Brille und trug ein grün-gelb kariertes Hemd mit einer blau-orange gestreiften Stoffhose. In seiner rechten Hand hatte er einen Stapel großer Blätter.

«Huden Hag, Herr Hollmondregenbogen. Herzlich willkommen, hier in der Lebkuchengasse.», begrüßte Unki ihren Gast.

«Hin hich hier hichtig? Hich höchte heute heine Herke hortragen, hie hich hin hen hetzten Hochen heschrieben habe.», entgegnete der Gast den nach wie vor erstaunten Freunden aus der Lebkuchengasse.

«Herr Vollmondregenbogen, Sie wollen Ihre Gedanken auf dem Sternplatz für uns aufsaugen? Dies ist eine sehr schöne Stelle. Kommen Sie doch mal mit. Gleich hier drüben.», entgegnete Mitti freundlich. Mogli eilte allen voraus bis zum Märchenbus, wo alle Halt machten.

«Sehr gut, meine werten Freunde. Hier lasse ich mich sehr gern nieder.», scherzte er vor sich hin und vergaß dabei, dass er sein «h» aufgebraucht hatte.

Gemeinsam lauschten Lunelli, Zetha, Mitti, Unki zusammen mit ihrem Mogli und viele

andere Einwohner der Lebkuchengasse den
Worten von Herrn Vollmondregenbogen. Es
waren tiefsinnige Worte, aber auch fröhliche
Gedanken, die sie an diesem späten Nachmit-
tag zu Gehör bekommen haben. Am Ende
der Veranstaltung gab es für alle eine kleine
Ausgabe seiner Gedankensammlung mit dem
Titel «Vollwortkost».

Was ist der Tag?

Fragte der Tag: War ich gut?
Sage ich mit vollem Mut:
Nein, warst du heute nicht,
trotzdem brachtest du mir Licht.
Heute gab es viele Lehren
und weniger der Erdbeeren.
Das Glück war nicht zu hell,
umso mehr vergingen die Stunden schnell.
Jetzt lässt du mich endlich ruhen,
damit ich schöne Dinge tun
kann, um wieder neu zu starten
und nicht länger zu warten.
Du, lieber Tag, weißt ganz genau:
Ich bin doch schon so schlau,
um zu wissen, es kommen andere Zeiten,
die mir stets Freude bereiten.
Sagte der Tag: Nicht, dass ich verzag
und nur noch klag.

Bin ich mal nicht
dein Freund der Stund
und geht es einmal richtig rund,
war ich für dich dann eine Lehre.
Das gibt mir die besondere Ehre,
dir die Hoffnung zu zusprechen
und mit allen Regeln dann zu brechen,
damit es sich lohnt, die Erdbeeren
       wieder zu lehren,
um dir dann nicht zu entbehren.
Fragte der Tag erneut,
nicht, dass es mich besonders freut:
Wie war ich heut´?
Ich war überrascht,
weil ich mich dabei erhascht,
wie ich der Frage entweichen will
und lieber bleiben still.
Mit einem Wort: Heut warst du toll,
aber ich nehm´ den Mund nicht so voll,
sonst bist du fort,
du alter Troll.
Wann kommst du wieder?
Mir zittern schon alle Glieder!
Im Frühling blüht der Flieder
und es ist mir nicht zuwider,
diese Knospen zu genießen,
wenn sie langsam sprießen.
So ist es mit dem Tag und passt auf,
was ich dir jetzt sag:
Ob gut, ob schlecht,

der Tag macht´s nicht immer recht.
Doch mach daraus jetzt kein Geflecht,
denn alles hat seinen Sinn,
du musst diesen stets finden darin.

Neue Sichtweise(n)

Vielleicht weißt du es schon?
Wechsel ab und zu die Position.
Geh mal auf einen Berg
und schau herab auf einen Zwerg.
Steig doch mal hoch hinaus,
das ist ein wahrer Augenschmaus.
Verliere dabei nicht das Glück,
das ist ein großes Lebensstück.
Das Wichtigste, sind neue Gedanken,
die sich um deinen Geist ranken
sollen und um dich tollen,
wie Sterne dies am Himmel sollen.

Der Moment

Hast du den Moment verpennt,
weil dir schnell die Zeit verrennt?
Hast du den Genuss vergessen,
weil du dich lässt zu sehr stressen?
Musst du einmal in dich gehen
und nach deinen Wünschen sehen.

Hast du diese dann gefunden,
lass die Kreise um sie runden.
Erkenn das Einmalige darin,
denn das gibt alles seinen Sinn.
Der Moment ist für dich gemacht
und es wäre doch gelacht,
wenn er dich nicht gewinnt,
bevor er vor deinen Augen zerrinnt.
Nimm an die Minute des Genusses,
statt die Stunde des Verdrusses.
Schaff dir Erinnerungen jetzt,
bevor du alles in die Zukunft setzt.
Pack die Chance an der Hand,
du hast meist mehr Glück als Verstand.
Denkst du gerne zurück,
wirst du sehen,
der Moment schenkt Glück
und dies verstehen.
Auch dies wird zwar vergehen,
aber die Freude daran muss
nicht verwehen.
Dies soll für immer bleiben
und sich in dein Gedächtnis schreiben.
Mach zum Freund dir den Moment,
damit du ihn ganz toll horrend
einen festen Platz im Leben gibst
und diesen mit allen
Höhen und Tiefen liebst.

Der Wunsch

Es ist so klar,
wie es nie war.
Wünsche kommen, Wünsche gehen,
aber man muss auf jeden Fall verstehen,
du musst ihn auch dann sehen,
Nimm ihn an mit beiden Händen,
so lässt es sich nicht abwenden.
Geh´ mit offenen Augen
durch das Land
und dann ist es allerhand,
was du entdeckst,
wenn du dich nicht versteckst.
Der Wunsch
ist wie ein Punsch,
wenn er sehr gut schmeckt
und wenn man die Finger leckt,
will man stets doch mehr,
doch ehe ich mich verwehr,
pass ich gut auf.
Die Dinge nehmen sonst ihren Lauf
und wie es so manchmal ist
und bevor du es noch ganz vergisst:
Wir nehmen nicht zu viel
von dem Punsch in den Mund,
denn das wird richtig ungesund.
So ist auch mit dem Wunsch.
Bleibt stets bescheiden,
denn sonst wirst du nur leiden.

Des Lebenswürze,
gesagt in aller Kürze
ist, dass man die Balance hält,
da man sonst fällt
und das meist tief,
wenn der Wunsch mal nicht so lief.
Drum höre auf meinem Rat:
Lieber früh als viel zu spat.
Such Wünsche aus,
nimm Wünsche raus,
nimm Wünsche an,
die nicht jeder kann.

Dekorationen

Dekorationen sind Sensationen,
nur musst du deine Augen schonen
und besonders den
kleinen Highlights fronen.
Denn hast du dein Leben dekoriert
und siehst, wie es sich präsentiert,
weißt du oft niemals nie,
was noch passiert.
Drum achte darauf
und mach's nicht zu kompliziert.
Ich hoffe, du hast es auch kapiert!
Menschen dekorieren sich mit Sorgen
und die gehen gar nicht verborgen.
Egal, wie sie auch seien,

sie sind nicht zu verleihen.
Dekorier dein Leben mit
tollen Dingen eben.
Es kann nichts Schöneres geben.
Bekommst du als Deko doch Kummer,
mach daraus eine Nummer,
würfel dann die richtige Zahl
und hinfort mit dieser schweren Wahl.
Und ich denke, du weißt es schon,
wechsle mal die Dekoration.
Es ist oft eine leichte Konstruktion,
die die Funktion
auch mal neu macht.
Das wäre ja gelacht!
Es geht um die Deko in deinem Leben.
Sei glücklich und zufrieden eben.

Vollwortkost

Du bist mein Vertrauen,
auf dich kann ich immer bauen.
Sind die Themen noch so schwer
oder fühl ich mich innen leer,
bist du bei mir
und stets immer hier.
Wie ein unsichtbares Band,
das seinen Weg zwischen uns fand,
diesen für immer zu verbinden
und niemals wird mehr verschwinden.

Du bist mein Vertrauen,
mit dir will ich immer
in die gleiche Richtung schauen.
Es ist das wahre Glück
und das entscheidende Stück,
das meinem Leben
den nötigen Kick will geben.
Du bist meine Zuversicht,
auch wenn mal fast alles zerbricht.
Öffnest du mir dein Herz
und teilst so manchen herben Schmerz.
Für dich ist kein Feuer
zu teuer,
um mein Licht zu entfachen,
damit wir 1000 tolle Dinge machen,
über die wir immer wieder lachen.
Du bist mein Ursprung,
du gibst mir den nötigen Schwung,
um Neues zu wagen
ohne dabei zu verzagen.
Du bist mein Leben,
dir würde ich alles geben
und am besten Mal über
den Wolken schweben.
Ein unbeschreibliches Gefühl geben,
was könnte das Glück höher heben?
Dies alles ist unendliche Liebe
und ich schiebe
keinen Satz mehr ein,
denn du weißt: Ich bin dein

und du bist mein.
Drum lass uns nicht klein sein
und die Welt für uns drehen,
damit wir nicht auf der Stelle stehen.
Lass uns vorangehen,
aber nicht ohne uns vorzusehen,
was wir planen
oder nur erahnen.
Lass uns im Geiste und im Herzen
ein fester Anker sein,
denn wir haben großes Schwein,
dass wir uns gefunden haben.
Der Dank ist nicht mehr weit.
Der Dank dafür, dass
du mein Vertrauen,
meine Zuversicht und
mein Ursprung bist.
Ich schreib dir jetzt auf,
damit du es nicht mehr vergisst.

Ein Blatt Papier

Ein Blatt Papier
liegt hier neben dir.
Es ist noch völlig leer
und damit auch nicht schwer.
Beschreib´ es mit deinen Gedanken
und musst du zuerst welche tanken,
dann geh´ hinaus in die Welt

und mach sie so, wie sie dir gefällt.
Ein Blatt Papier, ein Stück von dir.
Drum sag ich hier:
füll´ es mit Erinnerungen,
die kann dir keiner nehmen,
denn die bleiben eben.
Komm auf und berichte,
sonst bleibt es eine leere Geschichte.
Schreib mit Kopf, Herz und Hand,
aber behalte deinen Verstand.
Mach was draus, sonst vergeht die Zeit
und es ist vielleicht schon so weit,
dass du die Gelegenheit hast,
denn du hast die Chance verpasst.
Lebe jetzt in vollen Zügen,
dieser Rat hier müsste dir genügen.
Ruhe und Gelassenheit.
Du bist auf der Suche nach Ruhe,
dann wechsle mal schnell
deine Schuhe.
Geh´ zu einem Ort weit
in die tiefste Abgeschiedenheit.
Bist du dann in der Natur,
erlebst du Gelassenheit pur.
Genieß die frische Luft
und spüre etwas von dem Duft,
der dich vollkommen erfüllt
und den Zauber
der Gelassenheit enthüllt.
Bist du dann voll und ganz bei dir,

willst du bleiben für immer hier.
Doch verkündet bald dein Mund,
es geht leider vorbei auch diese Stund.
Nimm mit dies wohlige Gefühl
und ehe ich in Gedanken wühl,
schalt ich noch einmal ab,
sonst hält mich die Hektik
nur auf Trab.
Leg mal deine Gedanken beiseite,
such aber nicht das Weite.
Fort laufen kannst du vergessen,
aber lass dich nicht so sehr stressen.
Mach´s wie die Blumen und Bäume
und träume
auch mal vor dich hin,
denn dann dir manches besser geling.
Gelassenheit ist eine Kunst im Leben,
was muss es anderes geben?
Lass die Fragen einmal schweben
und ein Stück von Freude aufheben.
Geh – lassen – heit,
geh und lass es heut!
Morgen ist nicht mehr weit
und du hast noch genügend Zeit,
um deine Aufgaben zu machen.
Aber denk´ bei all die Sachen,
nicht immer muss es richtig krachen.
Handle ruhig und besonnen,
dann hast du bereits schon gewonnen.
Nicht die Kunst des Weiterdenkens,

sondern wie deine Gefühle dich lenken,
bestimmen dann wahres Tun,
drum lass auch mal alles ruhn.
Hast du jetzt erkannt,
wie du den Trubel gebannt
in deinem Leben kleinhältst,
indem du manchmal die Ruhe wählst.
Erfüllt dich das, was du willst
und deine Sehnsucht nach Ruhe
und Gelassenheit stillst.
Bist du gestärkt für alles,
was vor dir liegt
und kriegt
vielleicht einen anderen Sinn,
dann hast du es in deinem Geiste drin.

Lebenszeit

Die Lebenszeit ist ein volles Konto,
doch gibt es darauf niemals Skonto.
Drum nutze jede Stunde,
ehe man umrunde
jene Arbeit voller Last
und mit viel zu großer Hast.
Mach´ was aus dem Moment,
eh du das Schönste hast verpennt.
Die Lebenszeit wird weitergehen
und lässt sich auch nicht zurückdrehen.
Hast du Hoffnungen und Ziele

und dazu Träume noch ganz viele.
Pack´ sie bei der Hand und starte,
nicht dass man zu lange warte.
Es ist deine Vision, die vor dir liegt,
drum bekommt etwas nur der oft,
der zu den Wolken fliegt
auch das, was er sich erhofft.
Doch nur zu oft nimmt man
die Chancen nicht wahr,
obwohl es wunderbar
ist, sich mit dem Leben zu verbinden
und unvergessliche Dinge zu finden.
Erinnerungen werden aus
Freude gemacht,
deshalb wäre es gelacht,
wenn nicht jeder seine Lebenszeit
in vollkommener Fröhlichkeit
erleben und genießen kann,
daher nehme ich das Glück und spann
es vor meinen Wagen.
Somit du kannst nicht klagen,
du wirst mit Freud´ getragen.

Gedankenwiese

Ich liege mit meinen Gedanken
auf einer Wiese,
damit dort viel Idee sprieße.
Nehme ich frisches Wasser und gieße,

damit ich genieße,
wie der unnütze Gedanke abfließe,
jetzt einen klaren Sinn aufgieße.
Nun bin ich da, wo ich hingehöre,
damit ich mein Inneres höre,
es sagt,
was mich im Augenblick plagt.
Doch das lässt mich unverzagt,
denn wer nichts wagt,
der nichts gewinnt,
sagt schon das kleine Kind.
Sowie das kleine Kind
mache ich geschwind
einen Gang auf meiner Gedankenwiese.
Es gibt vieles zu entdecken,
ich muss es nur selbst erst checken.
Neue Dinge lassen sich wecken,
die sich bisher haben lassen verstecken.
Lassen wir sie rein, sagt das Schwein.
Und ich habe es nämlich, Schwein,
die Gedankenwiese ist nicht klein,
darum möchte ich dort für immer sein.
Auf der Wiese gibt es die
leckersten Beeren,
sie warten nur darauf, sie zu leeren.
Aber möcht ich auch nichts lehren,
sollen sich andere darum scheren.
Sich dann dafür selbst zu ehren,
brauch ich nämlich nicht,
denn das Leben ist ein Gedicht.

Dies verspricht,
viel Schönes zu bescheren,
aber manchmal musst du auch
etwas entbehren.
Entbehren der Dinge, die da nicht sind
und man sie auch nicht find.
Such´ sie auf keinen Fall,
man hat meist keine andere Wahl.
Noch immer liege ich auf
der Wiese meiner Gedanken,
möchte in Ruhe wanken,
ohne etwas zu verschranken.
Ohne etwas zu verschranken bin ich
an diesem Ort,
wo niemand bringt mich fort.
Fort werde ich nicht gehen,
denn es macht Freude über den
Horizont hinaus zu sehen
und mit den Augen über
Wolken zu gehen.
Manchmal bleib ich stehen,
um zu sehen,
wie die Wolken orange werden.
Dann gehe ich die
Gedankenspirale hinab,
dabei mach ich niemals schlapp.
Selbst wenn ich Fehler mache,
aber das ich nicht lache,
sind sie nicht dazu da,
damit man Erfahrungen mache?

Auf meine Gedankenwiese gibt
es ganz viel Platz,
besonders für meinen Schatz,
um sich neben mir niederzulassen.
Wir sagen «Hoch die Tassen» –
ich kann´s kaum fassen,
werde dich nie mehr loslassen.
Auf meine Gedankenwiese leben
auch alle, die sind für mich wichtig
und keinesfalls nichtig,
das ist vollkommen richtig.
Neue Gedanken entstehen und
kein Wind lass´ sie fortwehen
oder aus dem Kopf nur gehen.
Aus dem Kopf soll mir das nicht gehen,
denn du sollst verstehen,
welche Wege man muss gehen,
um mal Neues zu sehen.
Bleib´ auch mal stehen
und lass ein Wunder geschehen.
Du siehst, du lebst,
nicht über den Boden schwebst.
Denn über den Boden du nur schwebst,
kann es sein, dass du plötzlich abhebst
und den Sturz nicht gut überlebst.
Auf meiner Gedankenwiese bin ich
immer noch
und es fragt sich doch,
ob es dir auch hier auch gefällt?
Ob es dir auch hier gefällt,

weil jeder Gedanke zählt.
Es geht nicht um Methode oder Ziel,
da sag´ ich vielleicht jetzt ganz viel.
Nein, es ist auch kein besonderes Spiel,
jetzt kommt der echte große Deal:
Erwarte nicht zu viel,
sonst kannst du viel verlieren.
Nein, es geht im Wesentlichen
um den Sinn und den Inhalt,
der dir Halt
geben soll
und das auch nicht so toll.
Also, nimm´ die Gedanken nicht zu voll
und freue dich deiner eigenen Welt,
die so sein soll,
wie sie dir gefällt.

Im Anschluss an die Gedichte von Herrn
Vollmondregenbogen sind alle zusammen in
die Lebküchnerei gegangen, weil sie sich an
den Köstlichkeiten von Lunelli ein bisschen
stärken wollten. Außerdem wurde es inzwi-
schen deutlich kälter und sie haben es sich
mit einer Tasse warmer Zimtschokolade ge-
mütlich gemacht. Zetha brachte ihren Gäs-
ten eine Schale vieler Leckereien und alle lie-
ßen es sich an diesem Tag wieder einmal in
der Lebküchnerei gut gehen.

«Ihr Lieben, hier eine bescheidene Auswahl einiger unserer geheimen Lebkuchenkreationen. Lasst es euch gut schmecken.»
In der Luft lagen in diesem Moment eine Sinfonie aus Schokolade, weihnachtlichen Gewürzen und Duft der großen roten Kerze, die in der Mitte des Tisches stand.
Genüsslich verbrachten sie den restlichen Nachmittag und haben die Schale mit Lebkuchen ratzeputz aufgegessen.
«Nun wird es Zeit zu gehen, meine Freunde.», sagte Herr Vollmondregenbogen und stand hastig auf, um sich zum Ausgang zu begeben.
«Hat uns gefreut, dich kennen zu lernen. Schön, dass du da warst.», reagierte Unki und die anderen freundlich.
«Komm´ gut nach Hause und pass´ auf dich auf», warf Mitti ein.
Nicht nur die beiden, sondern auch die übrigen Menschen in der Lebkuchengasse haben die Worte von Herrn Vollmondregenbogen genossen und ihn gebeten, ihnen bei nächster Gelegenheit wieder einmal einen Besuch abzustatten. So plötzlich wie der Redekünstler und Wortakrobat ankam, war diese wieder weg. Unki und Mitti blieben eine ganze Weile bei Zetha und Lunelli, die sich jetzt zum Ladenschluss mit an den Tisch setzten.

«Euer Märchenbus hat ja viele Anhänger, wie wir immer wieder sehen können.», bemerkte Lunelli.

«Ja, die Menschen haben ihre Freude daran, von uns Geschichten, Überlieferungen oder Märchen zu hören. Wir haben bis jetzt leider noch gar nicht richtig Zeit gefunden, dass wir uns einmal gemütlich unterhalten. Eure Lebkuchen sind wirklich die allerbesten auf der Welt.», antwortete Mitti.

«Nun ja, Bescheidenheit in Ehren. Wir sind sehr gut, wie die Leute uns immer wieder sagen...», sprach Lunelli und strich sich dabei durch sein Haar.

«Also, Unki und Mitti, wir wollten euch unbedingt etwas erzählen. Wir haben eine Reihe alter Briefe gefunden und versucht, diese zu übersetzen. Sie handeln von einer ungewöhnlichen Korrespondenz einer Prinzessin mit einem Fabrikanten und Erfinder von Spielwaren. Interessante Sache sage ich euch.», rutschte es Zetha plötzlich raus.

«Also, wenn ihr wollt.» Weiter kam sie nicht mit ihren Worten, weil Lunelli sie unmittelbar unterbrach: «Sie wollte sagen: Wenn ihr wollt, dann erzählen wir euch das ein andermal.»

«Nein, Lunelli, ich will es aber den beiden jetzt sehr gerne erzählen.», widersprach

Zetha zum wahrscheinlich ersten Mal ihrem Chef.

«Also, die Sache verhält sich so...». Zetha erzählte den beiden von den Briefen und auch Mogli merkte, dass es ein bisschen fesselnd wird und schaute mit seinem Kopf unter dem Tisch hervor.

«... und somit wollten wir euch fragen, ob ihr nicht Lust habt, euch mit uns auf die Suche nach der Spielzeugwerkstatt zu machen und auch der Sache damit auf den Grund zu gehen.», schloss Zetha ihren langen Monolog ab.

Der kleine Briefwechsel

Sehr geehrter Herr Hansemann,
heute muss ich Ihnen schreiben, weil mir Ihre Objekte auf der Weltausstellung außerordentlich gut gefallen haben. Sie haben noch nie etwas von mir gehört, aber dies, so hoffe ich, soll sich mit dem heutigen Tage ändern. Wie ich erfahren habe, erfinden Sie selbst die Spielwaren, die jedes Kinderherz höher schlagen lassen. Ich war neulich mit Mister Horn in Frankfurt und auch dort habe ich gesehen, dass Ihre Objekte einen sehr großen Anklang gefunden haben. Sie

verkaufen also auch nach Amerika, wie mir zugetragen wurde. Sehr interessant.

Ich habe meine Freundin Merk gebeten, für mich ein paar ihrer extravaganten Spielsachen zu besorgen. Was soll ich sagen? Ich bin begeistert und möchte mit Ihnen gerne persönlich verhandeln.

Es gibt da nämlich eine sehr gute Idee von mir und ich habe beste Verbindungen weltweit. Ich habe das Gefühl, dass verschiedene Leute Ihre Muster schätzen. Allerdings muss ich sagen, dass ich nichts versprechen kann und es ein Versuch ist, der scheitern könnte. Bitte schreiben Sie mir umgehend, ob Sie auf meine noch nicht konkreten Pläne eingehen möchten. Abschließend möchte ich noch bemerken, dass alles ernst gemeint ist und man wirkliches Interesse hat.

Ich grüße Sie herzlichst
Gräfin Gertrude Ganzgenau

Werte Gräfin,

mit großer Ehrerbietung habe ich Ihre wohlwollenden Zeilen zur Kenntnis genommen und danke Ihnen für Ihr Interesse und Ihr Vertrauen. Bitte erlauben Sie mir die Frage, um welches Muster es sich denn nun handeln soll?

Mit vorzüglicher Hochachtung
Herr Hansemann

Sehr geehrter Herr Hansemann,
bestens dankend bestätige ich den Erhalt Ihres freundlichen Schreibens.
Ich bin im Besitz einer amerikanischen Lizenz für ein Objekt, das man sowohl als Spielzeug, als auch als Ausstellungsstück verwenden kann. Wenn Sie wollen, werde ich diese umgehend an Ihre Adresse in der Lebkuchengasse weiterleiten. Wie Sie gehört haben, werden in anderen Ländern von meiner Familie und mir enorme Aufträge unter voller Benutzung unseres Namens mit eigener Unterschrift verbreitet, welches eine große Werbung für unser gemeinsames Projekt darstellen könnte. Lassen Sie mich bitte wissen, ob Ihnen die gemeinsame Grundidee gefällt.
Ihnen recht viel Glück und Erfolg wünschend, zeichne ich hochachtungsvoll
Gräfin Gertrude Ganzgenau

Liebe Gräfin,
nochmals erbitte ich höflichst um weitere Details für Ihr geplantes Objekt. Auf den nächsten Ausstellungen werden wieder Unikate von mir und meinem Laden aus der Lebkuchengasse zum Tragen kommen. Grundsätzlich stehe ich neuen Ideen immer aufgeschlossen gegenüber.
Ich freue und erwarte Ihre Antwort.

In vorzüglichster Hochachtung
Herr Hansemann

Lieber Herr Hansemann,
es war eine große Freude, von Ihnen zu hö-
ren. Heute erlaube ich mir, Ihnen meine Idee
ein bisschen genauer zu beschreiben:
Nun, was darf an Weihnachten nicht fehlen?
Ein Baum, Geschenke, und genau! Eine
Krippe. Hier setzt meine Idee an. Anbei
sende ich Ihnen ein Bild als Muster. Bitte
prüfen Sie, ob man das alles so genau machen
kann. Ihr Können und Ihr Wissen im Mo-
dellbau wird es zeigen.
Mit vielen herzlichen Grüßen
Gräfin Gertrude Ganzgenau

Werte Gräfin,
anbei sende ich Ihnen Skizzen meines ge-
planten Modellbaus zu Ihrem vorgeschlage-
nen Weihnachtsesel für die Krippe. Haben
Sie ein Geschmacks- und Gebrauchsmuster
für das liebenswerte Tierchen?
Beste Grüße H.

Lieber Herr Hansemann,
bevor ich einige Zeit im Ausland bin, möchte
ich Ihnen zuteilwerden lassen, dass ich Ihre
Skizzen äußerst reizend empfand und absolut

davon überzeugt bin, dass wir den kleinen Weihnachtesel herstellen könnten.

Ja, ich habe sowohl ein Gebrauchs-, als auch ein Geschmacksmuster. Es fehlt ein Name! Haben Sie eine Idee?

1000 Grüße, Ihre Gräfin

Lieber Herr Hansemann,

nun bin ich in der Heimat wieder zurück. Leider warte ich vergeblich auf Ihre Antwort. Es wäre ratsam, dass wir uns bald einmal persönlich sehen, um alle Angelegenheiten direkt zu besprechen. Eine kleine Reklame wäre nicht schlecht und ich hoffe, meine Post an Sie geht nicht verloren. Wir brauchen dringend Kartons für den Verkauf. Mit herzlichen Grüßen

Ihre Gräfin Ganzgenau

Werte Gräfin Ganzgenau,

in rasender Eile schnell eine Antwort von mir, da ich gleich zu einer größeren Messe fahren werde. Kartons kann mein Freund Eichhorn besorgen und für einen Namen habe ich Frau Ahlsen kontaktiert. Mit herzlichen Grüßen

Hansemann

Werter Herr Hansemann,
ich habe einen ersten Kontakt zum Verkauf.
Bis 10.000 Stück monatlich - himmlisch! Leider bin ich zurzeit schwer krank, mein Fieber
steigt täglich und will nicht enden. Furchtbar!
Ich bin dankbar, dass Sie mit mir ins Geschäft kommen wollen. Haben Sie schon einen Prototypen für das Modell gemacht?
Wie soll denn unser Schmuckstück heißen?
Ihnen und Ihrer Familie alles Liebe wünschend
Eure treue Gräfin Ganzgenau

Liebste Gräfin,
meine Familie und ich wünschen Ihnen baldige und vollständige Genesung. Wir hoffen,
Sie in Kürze bei uns in der Lebkuchengasse
begrüßen zu dürfen. Was denken Sie über
den Namen «Eli»? Bitte fragen Sie nach, ob
diese Namensgebung als problematisch oder
unproblematisch eingestuft werden kann?
In Verbundenheit
Ihr Hansemann

Liebster Herr Hansemann,
Sie werden staunen, von mir wieder in bester
Gesundheit zu hören. Mein Fieber hat nachgelassen und ich war nach wenigen Tagen
wieder vollständig genesen.

Gerne möchte ich Sie und Ihre werte Familie kennenlernen! Es wurde mir zugetragen, dass es bei Ihnen in der «Lebkuchengasse» ein kleines, nostalgisches Hotel sein soll. Bitte Sie, mir dort ein Zimmer für drei Nächte zu buchen. Ich wünsche auch dort zu speisen und mein tägliches Frühstück einzunehmen. Es tut mir leid, dass es alles so kompliziert ist, aber ich würde Ihnen gerne das Geschäft erleichtern.
Hoffentlich hatten Sie eine schöne Zeit.
Mit vielen herzigen Grüßen
Ihre Gräfin Ganzgenau

Sehr geehrte Gräfin,
es ist mir eine Freude und eine Ehre, Ihnen mitzuteilen, dass Sie in der nächsten Woche Ihre gewünschten drei Nächte in unserem Central Hotel hier in der Lebkuchengasse nächtigen und speisen dürfen.
Das Hotel bittet Sie am Anreisetag bis zur 14. Stunde des Tages anwesend zu sein. Sobald werte Gräfin bei uns vor Ort sind, bitten wir höflichst um kurze Nachricht, damit wir Sie dann persönlich in Empfang nehmen können.
In freudiger Erwartung
Hansemann

Lieber Hanse,
anbei sende ich Ihnen ein kleines Schwein-
chen verbunden mit der Tatsache, dass es ein
Glück ist, dass wir uns sehen. Ich werde mit
meinem Agenten anreisen und bin überaus
begeistert, zusammen mit Ihnen und Ihrer
Familie Zeit zu verbringen. Unseren «Eli»
werden wir dann auf den Weg bringen. Ich
habe hier auch ein kleines Schweinchen bei
mir und so vereinen sich unsere gemeinsa-
men Gedanken und Wünsche.
Immer
Ihre Gräfin Ganzgenau

«Aber Zetha, wo wollen wir denn nun mit
der Suche beginnen?», fragte Mitti zögerlich
und nahm dabei einen weiteren vorzüglich
duftenden Lebkuchen in die Hand. Lunelli
stellte seinen Freunden einen zweiten Teller
auf den Tisch.
«Leute, habt ihr es nicht genau gelesen? Dort
stand eindeutig, dass es sich um ein Geschäft
in der Lebkuchengasse handelte.», warf
Unki in den Raum.
Alle saßen ihr gegenüber und sahen sie mit
großen Augen an, Mogli huschte unter dem
Tisch hin und her in der Hoffnung, dass er
einen Krümel des leckeren Weihnachtsge-

bäcks bekommt. Ja, auch Hunde lieben Lebkuchen – besonders in Fantasiegeschichten
wie diese hier. Sonst wäre es ja langweilig!
Schließlich nahm Lunelli Lebkuchen einen
kräftigen Schluck des Weihnachtstees und
begann: «Du hast recht! In unserer Lebkuchengasse gibt es tatsächlich einen Spielwarenladen. Am besten wir beginnen dort mit
unseren Nachforschungen.»
«Es ist noch nicht zu spät, vielleicht machen
wir uns gleich auf den Weg zu Herrn Hansemann, denn der Laden gehört ihm.»
Alle vier aßen einen leckeren Lebkuchen und
begaben sich dann auf den Weg nach drau
ßen.
Mittlerweile ist die Sonne fast hinter dem
kleinen Berg verschwunden und ließ die Spitzen der alten Fachwerkhäuser in der Lebkuchengasse in einem warmen, sanften Rotton
erstrahlen. Die Luft schmeckte nach Advent.
Merklich kühler ist es geworden, der nächste
Schnee hat sich angekündigt.
Mitti, Unki, Mogli, Lunelli und Zetha liefen
die Lebkuchengasse entlang bis zum anderen
Ende der kleinen verträumten Stadt, um bei
einem nostalgisch gehaltenen Spielwarenladen anzukommen.
Wie kleine Kinder standen unsere fünf vor
den Schaufenstern. Rechts gab es den Nachbau eines weihnachtlichen Marktplatzes.

Liebevoll in Szene gesetzt und mit kleinen Kerzen beleuchtet, konnte man winzige Figuren bestaunen, die auf einem Weihnachtsmarkt einkauften und bummelten. Links gab es allerlei Spielwaren, wie man sie nur aus alten Erzählungen kennt. Zudem wurde ein Puppenhaus in vollendeter Schönheit dekoriert. Die Eingangstüren zum kleinen Spielzeugladen waren nur angelehnt. Schon seit Jahren ist das Schloss kaputt und er hat die Reparatur immer aufs Neue geplant und dann wieder vergessen.

«Also, Freunde, lasst uns mit der Suche nach dem Ursprung der geheimnisvollen Briefe beginnen.», sprach Zetha selbstbewusst und zielsicher.

Mogli drückte mit seiner Stupsnase voller Neugier die Eingangstür ein und alle folgten ihm in gleichen Schritten.

Obwohl Zetha und Lunelli schon viele Jahre in der Lebkuchengasse lebten und arbeiteten, haben Sie Herrn Hansemann nie besucht. Sie kannten den Händler und Erfinder von Spielwaren, weil er des Öfteren bei Ihnen Lebkuchen eingekauft hatte.

Unki, Mitti und Mogli waren zu Besuch und wollten die kleine Stadt anschauen und somit hat sich die ideale Gelegenheit ergeben, um den einzigartigen Spielzeugladen einmal genauer unter die Lupe zu nehmen.

Mit einem Mal standen unsere fünf Entdecker mitten in dem kleinen und antiken Spielzeugladen. Eine etwa einen Meter hohe Verkaufstheke trennte den mittelgroßen Raum in zwei Teile. Es war eine verspielte Theke, die mit Glas versehen war. Alle staunten nicht zu Unrecht, als sie darin weitere einmalig kolossale Spielwaren entdecken. Es gab viele geflockte Tiere, wie zum Beispiel einen Hasen oder eine Ente. Außerdem gab e diverse Spielwaren, Brettspiele und jede Menge Puppen. Dahinter befand sich ein großes, grasgrün gestrichenes Regal, welches in der Mitte durch einen Vorhang geteilt wurde.

Die linke Seite war voll mit vielen Stofftieren, die sich eines an das andere reihten. Auf der rechten Seite entdeckten unsere fünf Besucher kleine und große Spiele für draußen, aber auch jede Menge extravaganter Bilderbücher, die kunterbunt durcheinander lagen. Weihnachtlicher Schmuck fehlte ebenso nicht. Leuchtende Girlanden umrahmten die beiden Regale und auf dem Verkaufstresen stand ein liebevoll geschmückter, kleiner Weihnachtsbaum. Daneben saß in fast gleicher Höhe ein Aufziehclown, der mit beiden Händen jeweils drei Ringe hatte, die er balancieren musste.

Zetha, aber auch Lunelli waren genauso sprachlos wie Mitti und Unki. Sie schienen in Kindheitserinnerungen zu schwelgen, als sie diese Eindrücke alle so sahen.

«Hallo? Hallo! Ist hier jemand?», rief Unki nach einiger Zeit vorlaut in den Raum. Es kam keine Antwort, nur erklangen aus der Ferne amerikanische Weihnachtslieder.

Nach kurzer Zeit erneut: «Hallo, Herr Hansemann, sind Sie da?»

Ein deutlich hörbares Räuspern kam mit den Worten zur Antwort: «Einen kleinen Moment, bitte! Ich bin gleich bei Ihnen.»

Die nächsten Minuten vergingen wie im Schneckentempo, bis endlich der Inhaber des Spielzeugladens vor ihnen stand. «Ach, guten Abend, Frau Zimtstern!», überkam es Herrn Hansemann mit einem breiten Lächeln über sein Gesicht.

«Und auch guten Abend den anderen besuchen.», stammelte er hinten nach.

«Sind wohl Freunde oder Bekannte von Ihnen?», schob Herr Hansemann die nächste Frage gleich nach.

«Ja, Herr Hansemann. Darf ich vorstellen? Herrn Lebkuchen kennen Sie ja und das sind Mitti und Unki mit ihrem Hund Mogli. Aber wo ist er denn schon wieder, mein Guter?», sprach Zetha und schenkte dem älteren Herrn ein herzliches Lächeln.

«Freut mich, Ihre Bekanntschaft zu machen. Hallo, alle zusammen.»

Den restlichen Freunden kam ein ebenso herzliches: «Hallo, Herr Hansemann» über ihre Lippen.

«Nun, was führt Sie denn zu mir? Wollen Sie Weihnachtsgeschenke für Ihre Kinder oder Enkel einkaufen? Ich habe fast alles, was ein Kinderherz begehrt.», sprach Herr Hansemann.

«Nein, nein. Ihr Laden gefällt uns zwar, aber wir haben einen ganz anderen Grund, werter Herr Hansemann», unterbrach Mitti diesen.

«Ja wir haben da nämlich etwas gefunden. Etwas, mit dem wir leider nicht ganz klar kommen.», ergänzte Unki

Mogli hatte sich auf einem großen Kissen in der linken Ecke des Raumes gemütlich niedergelassen und war fast ein bisschen vor Müdigkeit eingeschlafen.

«So, so, etwas Rätselhaftes? Und was genau für ein Geheimnis ist das? Hat es etwas mit Weihnachten zu tun? Nun, ob ich Ihnen da weiterhelfen kann. Ich weiß es nicht, aber schießen Sie mal los.», antwortete Herr Hansemann energisch und voller Tatendrang.

«Also, wir haben hier einen Stapel Briefe von einer Gräfin Gertrude Ganzgenau, die von einem ganz besonderen Spielzeug oder vielleicht auch einer Figur spricht. Wir haben

leider nur teilweise die Antworten vom Emp-
fänger dieser Nachricht. Der Empfänger ist
auch ein gewisser Herr Hansemann, der in
einer Lebkuchengasse leben soll?», ergänzte
Zetha mit einer recht kecken Miene.

«Nun, einen Briefwechsel? Das ist ja merk-
würdig. Vor einiger Zeit wurde aus meinem
Laden eine kleine, braune Tasche entwendet,
in der auch etliche Briefe von mir und Gräfin
Ganzgenau waren. Moment. Ich bin ein biss-
chen vergesslich. Haben Sie gesagt von der
von Gertrude Ganzgenau? Meine Gerti?»,
fuhr der ältere Mann fort und alle fünf nick-
ten ihm zustimmend an.

«Gerti! Gerti!», rief Herr Hansemann auf
einmal lautstark und alle dachten, dass es zu
spät mit ihm sei.

Wenige Sekunden später stand eine ältere
Frau in einem bunten Kleid und einer großen
blauen Brosche ebenfalls im Verkaufsraum.
«Gerti, schau mal, unser Besuch. Sie haben
mit aller Wahrscheinlichkeit das, was wir
vermisst haben.»

«Einen wunderschönen guten Abend, herz-
lich willkommen. Wie ich hörte haben die
werten Herrschaften gerade von meiner We-
nigkeit gesprochen. Dies erklang in meinen
Ohren mit vorzüglicher Hochachtung und
Anmut. Welche Ehre mir in meinen alten

Tagen zuteilwird. Aber mit Verlaub! Was of-
ferieren uns denn da die hochwohlgeboren-
nen, werten Herrschaften?»
Klang es übertrieben aus dem Mund von
Gräfin Gertrude Ganzgenau.
«Sie sind also Gertrude Ganzgenau? Werte
Gräfin, mit Verlaub bitten wir gnädig und
Ihr wertes Gehör.», entfleuchte es Lunelli
Lebkuchen.
«Sehr gerne, aber lassen Sie uns doch in un-
serer Wohnstube hier gleiten, dort haben wir
mehr Muße, und Güte, uns in Herzensruhe
über die Angelegenheit auszutauschen. Zu-
dem können wir Ihnen auch eine Tasse lecke-
ren Tees servieren.» Herr Hansemann ging
zur Tür seines Geschäftes, versuchte diese
wieder einmal abzuschließen und versah den
Laden mit dem Schild «Für heute geschlos-
sen».
Unki, Mitti und Mogli, sowie Lunelli und
Zetha folgten der Gräfin durch den großen
Vorhang in das Wohnzimmer.
Herr Hansemann löschte das Licht im La-
den, und es blieb nur die weihnachtliche Be-
leuchtung und der kleine Weihnachtsbaum
erleuchtet. Es roch nach warmen Kerzen-
rauch im gesamten Laden.
Mittlerweile saßen alle wie die Schulkinder
aufmerksam im Wohnzimmer von Herrn

Hansemann. Die Wohnstube war weihnacht-
lich geschmückt, auf den Fenstern standen
kleine Teelichter in Gläsern, darüber hingen
etliche Mistelzweige. In einer Ecke flackerte
im Kamin ein kleines Feuer munter vor sich
hin. In der Nähe stand ein Schelllackspieler,
der weiterhin leise internationale Weih-
nachtsmusik spielte.

In der Luft lag eine geheimnisvolle weih-
nachtliche Stimmung, die durch den Duft
von frischen Zimtsternen und leckerem Ge-
tränk unterstrichen wurde.

«Darf ich Ihnen unseren köstlichen Tee gnä-
digst anbieten? Probieren Sie doch mal, die
Zimtsterne, denn sie sind eine eigene Krea-
tion und schmecken ganz vorzüglich.», fragte
Gerti aufmerksam.

Die Freunde hatten kurze Zeit später eine
große Tasse des duftenden Heißgetränks und
Zimtsterne vor sich stehen und Mogli bekam
eine große Schale mit Wasser.

«Also, jetzt noch mal von vorne.», begann
Herr Hansemann erneut.

«Sie haben eine Sammlung von einem Brief-
wechsel von Gräfin Gertrude Ganzgenau und
ein paar Antworten und wissen damit nichts
anzufangen?», fuhr er fort.

«Nun, das ist eine lange Geschichte. Ende
der 50er Jahre habe ich noch selbst Spielwa-
ren erfunden und diese auf den Märkten in

der ganzen Welt angeboten. Eines davon war zum Beispiel der Clown, den sie vielleicht vorhin auf dem Tisch im Laden in Augenschein nehmen konnten.»

Doch Gerti unterbrach seine Ausführungen: «Ja genau, und dies waren dann Briefe von mir, der Gräfin Gertrude Ganzgenau. Ich habe lange Zeit mit Herrn Hansemann geschrieben.»

«Dabei entstand dann die Idee, dass wir beide zusammen ein Spielzeug für das Weihnachtsfest entwickeln wollten, das unter keinem Weihnachtsbaum fehlen sollte.», ergänzte Herr Hansemann die Ausführung von Gräfin Gertrude Ganzgenau.

«Und wie ging es dann weiter? Erzählen Sie schon!», überkam es Unki sichtlich ungeduldig.

«Viel gibt es da nicht zu sagen. Vor einiger Zeit ist die Endfassung davon fertig geworden. Einen kleinen Moment bitte.»

Herr Hansemann stand langsam von seinem Platz auf und begab sich an den Sekretär, der neben einer Holztür stand. Behutsam holte er einen grauen, geflockten und kleinen Esel aus einem der Schubfächer hervor und stellte ihn in die Mitte des Tisches.

«Gestatten, das ist der Esel Eli, seines Zeichens ein ganz besonderer Esel. Man kann mit ihm spielen, aber auch als Dekoration für die Weihnachtskrippe nehmen.»

«Was ist denn nun Besonderes an dem Esel?», fragte Lunelli recht begeistert.

In diesem Augenblick erhob sich die Gräfin gemächlich und nahm den Esel in ihre Hände.

«Werte Freunde, es ist mir eine Ehre, Ihnen heute Abend den ersten singenden Weihnachtsesel vorzustellen. Er kennt jedes nur erdenkliche Lied und singt es quasi auf Knopfdruck vor.»

«O. k., dann sehen wir mal. Bitte sing´ uns «Jingle Bells», beauftragte Unki den Esel, aber nichts passierte.

«Meine Lieben, Sie müssen den Esel schon direkt ansprechen. Ich erlaube es mir, Ihnen dies vorzumachen. Lieber Eli, (und darauf blinkten seine beiden Augen kurz) spiele uns bitte Jingle Bells.», gab die Gräfin freundlich dem immer noch merkwürdig anmutenden Spielzeug den Auftrag.

Wie von Geisterhand erklang kurze Zeit später das Lied und alle hörten mit offenem Mund wie gespannt zu.

Im Laufe der Zeit wurden einige weitere Lieder genannt, die der obskure Weihnachtsesel alle vorsingen und vorspielen konnte.

«Fantastisch!»

«Super!»

«Einmalig!»

Dies waren einige der Kommentare, die sich unsere Freunde zu diesem Ereignis zu sagen trauten.

«Warum gibt es das noch nicht zu kaufen?», fragte Mitte frisch drauflos.

«Es ist so: Wir haben leider keine Heimarbeiterinnen und Heimarbeiter mehr, weil dieser Beruf nicht mehr existiert. Hier in der Lebkuchengasse gab es viele davon, aber entweder sind sie in eine große Stadt gezogen oder haben ihren wohlverdienten Ruhestand angetreten.», antwortete Herr Hansemann mit leicht trauriger Mine.

«Da muss man was machen! Das ist doch eine Sensation, die die Welt noch nicht gesehen hat.», schoss es aus Zetha nur so heraus.

«Wissen Sie, in meinen alten Jahren, macht man sich nicht mehr auf die Suche nach Investoren und Produzenten. Gerti und ich haben uns kennengelernt und unser Esel Eli erinnert uns immer wieder an diese schönen Zeiten und begleitet uns gerne während des Weihnachtsfestes.», gab Herr Hansemann zur Antwort.

«Werte Freunde, mit Verlaub, gestatten Sie mir eine Frage: Haben Sie vielleicht eine Idee, wer, was, wann, wo....?», begann die Gräfin zu fragen.

Mitti unterbrach sie nach wenigen Worten: «Ronny! Ja, das ist es. Er als Helfer des Weihnachtsmannes und hat bestimmt eine Idee. Er weiß doch sonst auch immer alles. Ich werde ihn mal anrufen.»

«Ja, gleich, es ist noch nicht zu spät, mein Schatz.», erwiderte Unki umgehend ihrem Mitti.

«Sie können gerne meinen Fernsprecher benutzen, er steht dort auf dem Tisch neben meinem Sekretär.»

Kaum gesagt, stand Mitti auf und lief schnell zum Telefon.

Auf der alten Wählscheibe nahm er langsam seinen Finger und wählte Ronnys geheime Rufnummer.

«Hallo Ronny. Ich bins.»

«Hallo Mitti. Na was ist los bei dir? Ich höre einige Stimmen im Hintergrund.»

«Ja, das sind meine Freunde. Ich brauche dringend deine Hilfe und deinen Rat.»

Während Mitti seinem Freund Ronny die ganze Geschichte erzählte, genossen die anderen zusammen mit Herrn Hansemann und der Gräfin Ganzgenau Zimtsterne und Weihnachtstee.

Nach etwa 10 Minuten telefonieren legte Mitti auf und berichtete: «Ich muss gehen, Leute. Gleich kommt Ronny mit Little Blitz. Wir wollen den Esel Eli mitnehmen und den

Helfern des Christkinds zeigen, damit sie genügend davon herstellen können, um allen Menschen zu Weihnachten ein Exemplar zu liefern.»

«Ich komme mit, mein Schatz.», entgegnete Unki und ihr Freund Mogli schien plötzlich in Aufbruchsstimmung zu sein und Wind von der Sache bekommen zu haben, da er schnell zur Ausgangstür rannte.

«Es ist schon spät, Zetha und ich gehen dann auch nach Hause.», ergänzte Lunelli.

«Hier ist unser Weihnachtsesel Eli, aber passen Sie gut auf ihn auf!», ermahnte Herr Hansemann seine neuen Freunde.

«Ja, mit Verlaub, bitte auch um höchste Diskretion in dieser Angelegenheit.», ergänzte die Gräfin Ganzgenau im selben Atemzug.

Mit einem leichten Quietschen öffnete Herr Hansemann seine Ladentür, Lunelli und Zetha begaben sich auf den Weg nach Hause, während Mitti, Unki und Mogli sehnsüchtig auf Ronny warteten.

Stimmungsvoll beleuchtet war an diesem Abend die Lebkuchengasse, denn sie war berühmt dafür, dass die Bewohner ihre Häuser immer ausgefallen festlich schmückten. Einige Augenblicke später vernahm man aus der Ferne ein deutlich erkennbares Geräusch. Ein normales Auto war es nicht, nein vielmehr war es «Little Blitz», der Unki,

Mitti und Mogli während ihrer bisherigen Erlebnisse immer wieder begleitete.

Mit einer Vollbremsung stand er sogleich vor ihnen und als die Türe sich öffnete, kam Ronny entgegen.

«Ronny, altes Haus! Danke, dass du gleich gekommen bist. Wir haben einen ganz besonderen Auftrag...», überfiel in Mitti mit schnellen und hastigen Worten.

«Hallo, Ihr Lieben!», entgegnete Ronny und kraulte seinen langjährigen Freund Mogli die Schlappohren.

«Ihr habt euch nicht verändert seit letztem Jahr. Was gibt es denn in dieser Vorweihnachtszeit? Ihr wisst, dass ich wieder voll zu tun habe und uns nicht viel Zeit bleibt. Letztes Jahr war ich sehr spät mit den Geschenken dran.», mahnte der Helfer des Weihnachtsmannes die beiden an.

«Ronny, komm lass uns losfahren! Wir haben da etwas, das müssen wir dir zeigen und deinen Helfern geben. Es ist eine kleine Revolution des Weihnachtsfestes.», überkam es Mitti weiterhin eifrig.

«Also, los, steigt ein! Wir wollen nicht länger Zeit verlieren.»

Einen Schubs später waren sie im Wirbelwind wieder weg.

Wenige Tage später war es vollbracht. Ronny und seine Helfer hatten die notwendige Zeit gefunden, den Weihnachtsesel in ausreichender Menge zu produzieren. Pünktlich zum Heiligen Abend bekamen alle Menschen auf der Welt ein persönliches Exemplar des extravaganten Weihnachtsesels geschenkt.

Bei ihrem Besuch des Spielwarenladens war Unki, Mitti und Mogli ein weiteres Geschäft aufgefallen. Klein, idyllisch und romantisch schmiegte sich die Teestube von Theobald Tutgut und seiner Frau Theresa an das Spielwarengeschäft von Herrn Hansemann. Von außen war die Teestube recht unscheinbar, aber bei einem Besuch bot sich dem Gast eine einmalige Komposition aus den kuriosesten Sitzgelegenheiten auf bunten Stühlen und vollkommen ungleichen großen Tischen. Es gab in der Teestube ein kleines Holzregal, in dem rote und orange Dosen mit Teesorten aus der ganzen Welt ihren Platz gefunden hatten.

Eine weitere Besonderheit dieses Geschäftes war, dass es hier einige alte Bücher zum Lesen, aber auch zum Kaufen gab.

Herr und Frau Tutgut hatten nicht nur die ganze Woche über, sondern auch am Wochenende den gesamten Nachmittag über ihre festen Stammgäste, weil es immer wieder leckeren Kuchen und Torten gab, die von Theresa spontan und nach Herzenslust jeden Tag aufs Neue gezaubert wurden. Egal, wann man in die Teestube kam, roch es stets verführerisch. Theobald hatte eine besondere Vorliebe für Früchtetee der Sorte Pfirsich-Melba. In der Luft hing somit immer eine fruchtige Geschmackskomposition aus frischen Pfirsichen verbunden mit einer Brise von Vanille.

Die Teestube hatte eine kleine Terrasse mit anschließendem Garten, wo man sich je nach Wetterlage gemütlich mit seinem Kännchen Lieblingstee und Lieblingsbuch zurückziehen konnte.

Der Garten von Familie Tutgut war etwas Besonderes. An einer Mauer rechts vom Haus hatten beide ein übergroßes Klettergerüst angebracht, an denen sich die unterschiedlichsten Rosenarten emporrankten. Es war eine echte Augenweide, weil dem Betrachter immer wieder neue Blüten und herrlichste Farben ins Auge sprangen. Von lieblich und zart bis hin zu kräftigen Aromen wurde der feinen Nase ein auserlesener Duft geboten.

Der übrige Teil des Gartens bestand aus Sonnenblumen, die schon ab dem Spätsommer ihre warme, gelbe und fröhliche Pracht zum Vorschein brachten.

Daran schloss sich eine Böschung an, die wiederum in ein kleines Tal mündete. Herr und Frau Tutgut hatten hier ein Blumenbeet in den zartesten Farben. Zwischen Frühjahr und Spätsommer grünte und blühte es und keiner konnte sich an der Pracht nur ansatzweise sattsehen. Bemerkenswert waren da die unzähligen Mohnblumen, die stets alle genießerischen Blicke auf sich zogen.

Was für eine unsägliche Freude war es, den zahlreichen Schmetterlingen auf der Blumenwiese zuzusehen. Manchmal wünschte sich Herr und Frau Tutgut, dass die liebevollen und friedlichen Tierchen überall dort in die Welt fliegen sollten, wo unfassbare Probleme, Armut, Unfrieden, Benachteiligung und Ungerechtigkeit herrschten. Die dafür verantwortlichen Menschen verschließen scheinbar genau vor solchen Dingen fest ihre Augen. Aller Wahrscheinlichkeit nach wird dies nur ein frommer Wunsch von Theresa und Theobald bleiben.

Schmetterlinge sind für die beiden aber ein Symbol einer bunten Welt, die es gilt ein Leben lang zu entdecken, über Geheimnisse zu staunen und so manche Hindernisse zu bewältigen.

Die Vielfalt der Natur in ihrer unvollendeten Farbenpracht versetzte Herrn und Frau Tutgut immer wieder ins Staunen. Diese Schönheit ist kein Zufall und der Mensch sollte es sich zur Aufgabe machen, diese für die nachfolgenden Generationen zu bewahren und zu erhalten.

Herr und Frau Tutgut haben ihren Garten nach und nach um eine Besonderheit erweitert und zwar genau dann, wenn sie in ihrem Leben über etwas dankbar waren.

Dankbarkeit verbinden sie mit den Sonnenblumen, weil sie ein Symbol für ein volles Leben sind. Das samtwarme Gelb der Blütenblätter erinnerte an die Sonnenstrahlen des Sommers. Wenn man die Blüten vorsichtig anfasst, spürt man, wie zart und weich jedes einzelne Blütenblatt ist. Zusammen wirken die Blütenköpfe der Sonnenblume grandios, so dass man denkt, sie strahlen eine feste Lebenskraft aus. Wenn die Blütenblätter fast abgefallen sind, dann wird ihre Mitte ein bisschen dunkelbraun und verwandelt sich in Sonnenblumenkerne. Das ist eine Freude, wenn man die Vögel beobachtet, wenn sie diese herauspicken. Fällt dann die schwarzweiße Schale verstreut zu Boden und bleibt auf die Erde zurück, so kann man hoffen, dass im nächsten Jahr an dieser Stelle wieder

Sonnenblumen entstehen, weil manche Kerne eine neue Kraft gefunden haben.

Herr und Frau Tutgut schätzen Sonnenblumen wegen einer Besonderheit: Die Blume wendet ihre Blüte der Sonne zu, weil sie sich offenbar, wie die beiden selbst, immer wieder nach Sonne und dem Licht sehnt, gerade an den Tagen, wenn es dunkler wird. Die Sonnenblume ist für sie wie eine Lichtblume, die ein Zeichen des Dankes ist. Dankbarkeit ist eine Grundhaltung und öffnet uns viele Türen. Sind wir dankbar, dann stumpfen wir nicht ab und sind tüchtig, wieder neue Energien und Kraft zu schöpfen. Dankbarkeit ist ein Stück Lebensfreude, die man sich nicht nehmen lassen sollte.

Die beiden Zeitgenossen waren Menschen der bescheidenen Art und freuten sich über so manche alltäglichen Dinge, was andere sonst alles verlernt haben. Die beiden schrieben in ihrem Leben Geschichten, die ihnen gehörten und keiner mehr nahm. Wünsche hatten beide und sie haben es stets verstanden, diese sich gegenseitig und gemeinsam zu erfüllen.

Der Herbst war die Lieblingsjahreszeit der beiden und so kam es an einem Samstagnachmittag im Spätherbst, an dem die Sonne so warm und kräftig war, dass Theobald und

Theresa gemütlich auf ihrer Terrasse Platz genommen haben.

Aus ihren Verkaufsraum hörte man leichte und unbeschwerte klassische Musik. Theobald hatte eine Vorliebe für Schellackplatten mit entspannten und gewaltigen Melodien und nutzte fast jeden Moment, diese gemeinsam mit seiner Frau Theresa zu genießen.

An diesem Samstag war ausnahmsweise kaum ein Gast gekommen, so dass sie frühzeitig ihre Teestube geschlossen haben, um die herrlichen Herbststunden in Ruhe gemeinsam zu begehen.

Bei einer leckeren Tasse Tee und einem großen Stück warmen Apfelstrudel saßen sie stundenlang zusammen und blätterten in einem alten Poesiealbum. Viele der Gedanken und Werte sprechen vom Leben. Ein kleines Gedicht ist ihnen aufgefallen:

Du bist mein Ruhepol,
bei dir fühle ich mich besonders wohl.
Du bist immer für mich da,
darum bin ich dir sehr nah.
Du bist mein Fels in der Brandung,
daher gelingt mir jede Landung.
Du bist mein Ursprung, mein Leben,
was könnte es Schöneres geben?
Du bist die Antwort meiner Fragen,
dies allein kommt stets zum Tragen.

Du allein bist meine Zuversicht,
selbst wenn einmal alles zerbricht.

Ein wenig weiter in diesem kleinen Buch fanden sie zwei kurze Reime, die einem das Herz aufgehen ließen:

Wenn Ihr einst in späteren Jahren
diese Zeilen seht,
denkt daran, wie froh wir waren,
als man die Worte versteht.

Halte fest an Gottes Wort,
es ist dein Glück auf Erden
und wird, so wahr Gott ist,
dein Glück im Himmel werden.

Während Theresa und Theobald miteinander nachdachten und ihren Tee zusammen mit dem leckeren Kuchen genossen, wanderte die warme Herbstsonne langsam und gemächlich weiter am Horizont.
Es wurde deutlich kühler, sodass die beiden sich eine dunkelblaue, warme Wolldecke holten und gemeinsam darin ihre Füße und Beine einkuschelten.
Theresa stellte eine lila Dreidochtkerze auf ihren Tisch, auf dem ebenfalls ein paar gelbrote Äpfel lagen. Das kräftig weiße Fleisch schmeckte immer so saftig und ließ die Kraft

des vergangenen Sommers nochmals spürbar werden.

Alles war anheimelnd geworden. Die Luft roch nach wie vor nach warmen Apfelstrudel, was sich ein bisschen mit dem Duft der Kürbissuppe kreuzte, die es heute als Leckerbissen in der Teestube zum Essen gab. Für einen Augenblick ließen Theresa und Theobald ihre Augen über den großen Garten schweifen und erhaschten die letzten Sonnenstrahlen, die ihren leichten Schimmer auf die goldgelben glänzenden Sonnenblumen spendeten.

Wenn der Alltag freilich nicht immer Freude und Begeisterung bereithält, weil die Routine die meisten Raum einnimmt, sollte man sich immer Zeit nehmen, um derartige Momente vollends zu genießen.

Aus der Ferne vernahm man den Wind, der ein leises Rauschen brachte, während sich die Halme vom entfernten Weizenfeld aneinander reibten. Die beiden sahen einen Schwarm von Vögeln, die am Himmel ihre Kreise zogen, weil sie sich zu ihrer Reise in den Süden sammelten. Von den entfernten Bäumen erkannte man die großen, braunen welken Blätter am Boden, die teilweise kastanienrot waren. Das orange und rote Leuchten des Himmels nahm Minute für Minute ab.

Ebenso verstummte der letzte Titel der klassischen Musik aus dem kleinen Innenraum der Teestube.

Zu dieser fortgeschrittenen Stunde begaben sich Theresa und Theobald dann wieder in ihr Haus und erfreuten sich, einen so angenehmen und schwerelosen gemeinsamen Nachmittag verbracht zu haben.

Die Nacht verging und der nächste Schnee kündigte sich an, so dass tags darauf die Lebkuchengasse wieder frisch gezuckert war und es sah fast so aus, wie auf dem Marktplatz in Herrn Hansemanns Laden. Auf dem Sternplatz in der Lebkuchengasse wurde hier am heutigen Donnerstag, kurz vor dem Weihnachtsfest, ein großer Weihnachtsbaum aufgestellt. Auch kamen wieder viele interessierte Einwohner zu Unki und Mitti in den Märchenbus, um weiteren Geschichten zu lauschen.

Wie Bauer Epple zur Quelle der Erkenntnis kam

Seit vielen Jahrzehnten lebte Bauer Epple jenseits des Dorfes oben auf einer kleinen Anhöhe. Der Weg dorthin war nicht beschwerlich und nicht lange, aber dennoch musste man ein wenig über Stock und Stein schreiten, um ihm einen Besuch abzustatten. Früher hatte der Bauer ein großes Anwesen mit vielen Feldern und zahlreichen Hoftieren, nur nach dem Verkauf sämtlicher umliegender Wälder, musste er seinen Grund und Boden hergeben. Gebietsreform hieß es und es ist für die Allgemeinheit zwingend erforderlich, so in einem Schreiben aus dem Rathaus. Seitdem ist nichts weiter geschehen und mittlerweile sind sämtliche Ackerflächen überwuchert worden und sein Landhaus war eingefallen.

Auf seinem neuen Land gefiel es ihm, obwohl er Jahr ein, Jahr aus versuchte, auf seinen Feldern mit sehr wenig Erfolg einen Ertrag zu erwirtschaften. Futter für die Tiere holte er sich bei seinem einzigen Freund, dem Bauer Sepp Gruner und seiner Frau, die in der Nähe wohnten und arbeiteten.

Eines Tages war Bauer Epple wieder beim Sepp und klagte ihm sein Leid: «Mensch, was soll ich nur machen? Kein Jahr ohne Ernteausfall. Zu wenig Dünger, zu altes Saatgut, vielleicht zu schlechter Boden. Hast du etwa eine Idee für mich?», fragte er seinen Freund, als sie gemeinsam auf einer roten Holzbank saßen.

Der Bauer Gruner Sepp nahm einen tiefen, kräftigen Schluck von der frischen Kuhmilch aus seinem Maßkrug und dachte laut nach: «Mein lieber Freund, ich weiß, dass du alles machst, was möglich ist und in deiner Macht steht, aber wenn man Dinge nicht ändern kann, dann musst du auch lernen, dies zu erkennen und anzunehmen. Das sind schwere Worte, ich weiß, aber wahrscheinlich sind deine Felder dort oben wirklich nicht für die Landwirtschaft gemacht.»

In der minutenlangen Stille hörte man nur das Summen der Bienen, die dabei waren, den blühenden Kirschbaum zu bestäuben. Aus der Ferne hörte man die Glocken der Kühe auf der Weide und ein leises Vogelgezwitscher. Bauer Epple nahm ein Stück frischen Apfelkuchen und aß dieses genüsslich. «Du hast ja recht. Vielleicht sollte ich in die Stadt ziehen, eine Arbeit in der Fabrik annehmen und alles hier vergessen.», entgegnete er mit leiser, nachdenklicher Stimme.

«Bist du des Wahnsinns! Der Hof, die Natur, alles hier ist dein Leben. Das willst du jetzt nicht einfach so aufgeben, nur weil du nicht viel Ernte einfährst. Es ist zwar wichtig für dich, aber nicht alles in deinem Leben. Du machst das, was dir Freude macht und womit du mit ganzem Herzen dabei bist. Die meisten Menschen klagen, weil sie immer Dinge tun, die sie gar nicht machen wollen. Nein, mein Freund, glaub mir, es wird auch hierfür

eine Lösung geben.», beschwichtigte ihn
Gruner Sepp.

Lange Zeit saßen die beiden Freunde vor
dem Haus und genossen den sonnigen Früh-
lingstag, der sich mit zunehmender Stunde
langsam dem Ende entgegen neigte. Ein ku-
gelrunder und riesiger Ballon war die Sonne
jetzt, als sie langsam am Horizont den Tag
verabschiedete und die Nacht begrüßte.

«Zeit zugehen, Sepp, ich komme morgen
wieder zu dir, denn ich brauche sicher wieder
frisches Futter für meine Tiere. Mach's gut
und gute Nacht.»

Mit diesen Worten verabschiedete sich der
Bauer Epple und trat den Heimweg an.
Kaum im Hof angekommen, erwartete ihn
schon die treue Katze Henriette und schlich
um seine Beine. Sie hatte heute nichts weiter
gegessen, außer dem täglichen Menü, was
sich auf dem Bauernhof ebenso ergab. Als
Henriette und alle anderen Tiere ihr Abend-
essen bekommen hatten, setzte sich Bauer
Epple unter die große Tanzlinde im Hof und
ließ erneut seine Gedanken schweifen. Die
Luft roch nach süßlichem Duft. Die Wärme
des Tages ließ langsam nach und der Bauer
spürte eine große Müdigkeit in allen seinen
Gliedern, sodass er einige Augenblicke
schlief. Henriette legte sich behutsam auf
seine Füße und schlummerte ebenfalls vor

sich hin. Doch dann: «Päng! Päng!», hallte es durch den nahe gelegenen Wald und der Bauer Epple wachte aus seinem Tiefschlaf auf.

Voller Herzklopfen riss er sich von der Holzbank empor und vergaß dabei fast seine Katze, die ebenfalls wie wild herumrannte. «Was war das?», schrie er laut, aber natürlich gab ihm keiner eine Antwort. Dann wieder Stille. Man hörte nur das Zirpen der Grillen, die Luft war mittlerweile angenehm kühl. Bauer Epple machte sich keine weiteren Gedanken mehr und nahm erneut Platz auf seiner Lieblingsbank unter der Linde. Die heutige Vollmondnacht ließ sein Anwesen, den Wald und das Dorf unter ihm silbrig glänzen. Seine Katze Henriette war aber durch den Krach immer noch ein wenig aufgebracht und streunte auf dem Hof umher. Als sie plötzlich nicht mehr zu sehen war, wurde Bauer Epple sichtlich besorgt. Henriette war keine gewöhnliche Katze, denn sie war stets anhänglich und ging fast keinen Schritt ohne ihr Herrchen und schon gar nicht in der Dunkelheit, die sie absolut nicht leiden konnte.

«Henriette, Henriette. Wo bist du nur?», rief Bauer Epple laut um sich. Es kam lange keine Antwort und er wurde sichtlich nervöser, rannte hastig um sein Haus und holte eine alte Laterne, damit er etwas mehr Licht auf seinem Weg bekam.

«Henri, Henriette, Henriette!», rief der Bauer weiter und lief den kleinen Seitenweg in Richtung Wald entlang. Vorbei an den Himbeersträuchern wurde er immer hastiger, weil er aus der Ferne ein sanftes «Miau» vernommen hatte, was nur von seiner Katze kommen konnte.

Wenige Minuten und Meter später traute er seinen Augen nicht. Henriette saß am Eingang zum alten Wasserspeicher, der vor mehr als 100 Jahren hier im Wald gebaut worden war. Was dabei so kurios war, war, dass der Wasserspeicher hell erleuchtet war und man im Inneren leise Musik hörte.

Bauer Epple stockte der Atem, er ließ die Laterne aus der Hand fallen und stand fassungslos vor dem Gebäude. Er wusste nicht, ob er hineingehen, wegrennen oder um Hilfe rufen sollte. Sein Puls klopfte fest an seinem Hals, Schweißperlen liefen ihm über den Rücken, sodass ihm plötzlich heiß wurde.

Obwohl die beiden Fenster rechts und links verfallen waren und die Holztür offen stand, erstrahlte der Wasserspeicher in diesem Moment in einem vollkommen neuen Glanz. Henriette versteckte sich hinter Bauer Epple, der bedachten Schrittes Stück für Stück vorausging. Die Neugierde hatte ihn gepackt. Der Boden unter seinen Füßen schien mulmig und matschig zugleich, aber das störte ihn in diesem Augenblick nicht. An der Tür angekommen, dachte er kurz nach, aber dann nahm er sich ein Herz und betrat diesen unheimlichen Ort.

Hier fehlen wichtige Überlieferungen aus dieser Geschichte. Die Älteren erzählen sich, dass der Bauer Epple beim Betreten des Wasserspeichers eine wichtige Botschaft bekommen hat.

«Die Quelle zu allem, was dir wichtig ist, was du erreichen willst, was du dir erträumt träumst und wünschst, ist in dir selbst.»

Die ganze Nacht über verbrachte der Bauer seine Zeit damit, in dem alten Wasserspeicher zu sein, um sich zu erholen und um neue Energie zu tanken. Mit frischen Ideen und neuem Schwung machte sich der Bauer am folgenden Tag erneut ans Werk.

Die Überlieferung erzählt dann, dass dieser von nun an jedes Jahr eine ausgezeichnete Ernte hatte, viele unvergessene Jahre auf seinem Hof und unendliche Wiedersehen mit dem Freund Sepp Gruner hatte. Alles, was ihm in dieser Zeit fehlte, war die notwendige Geduld und die Erholung, sowie der dringend erforderliche Abstand zu seinen bisherigen Erfahrungen. Seitdem sucht der Bauer Epple mindestens einmal in der Woche den alten Wasserspeicher auf, um seine Gedanken neu vollzutanken, wie an einer Tankstelle.

Nachdem Unki und Mitti den Besuchern ihres Märchenbusses die Geschichte von Bauer Epple erzählt haben, setzten sie zusammen mit Mogli ihre Entdeckungsreise durch die Lebkuchengasse fort. Sie entdeckten, dass es auch noch ein kleines, altes Kino gab. Man sagte, dass vor vielen Jahren dort etwas bisher Einmaliges, aber Besonderes geschehen sei.

Lunelli Lebkuchen hatte hierzu entsprechende Zeitungsartikel aufgehoben, die er beim nächsten gemütlichen Beisammensein mit seinen Freunden in der Lebküchnerei vorgelesen hat.

«Meine Lieben» Dabei sah der großartige Lebkuchenbäcker in die Runde, «Heute habe ich eine weitere Geschichte aus unserer Lebkuchengasse, die ich euch nicht vorenthalten möchte. Alles hat mit diesen Berichten angefangen, die die Menschen in unserer Gasse sehr verwundert haben.»

Lunelli nahm einige Schnipsel aus unterschiedlichen Tageszeitungen hervor und las diese aufmerksam vor. Seine Freunde, aber auch Mogli ließen sich vor dem warmen Kaminfeuer nieder und genossen den leckeren

Adventstee und die einmaligen Lebkuchen.
Sie lauschten den Worten von Lunelli, der
die kleinen Ausschnitte mit der entsprechen-
den Spannung vortrug.

Ason

Kinokarte in der Altstadt gefunden

Am gestrigen Freitag wurde in einer spekta-
kulären Aktion in einem kleinen Hinterhof
in unserer Lebkuchengasse alles vorsorglich
weiträumig abgesperrt. Das bekannte Son-
dereinsatzkommando Caruso vermutete im
Hinterhof zunächst eine undefinierbare
Dose, die bei den letzten Umbauarbeiten in
einer großen Wand des Anwesens gefunden
wurden.
Das Sicherheitskommando entlarvte den ver-
meintlichen Schadkörper schnell und lüftete
das Geheimnis. Es handelte sich um eine
Dose, in der sich eine Kinokarte für das un-
längst geschlossene «Kino in der Lebkuchen-
gasse» befand.
Der Kurier ruft alle Bürger auf, sich im Rat-
haus die Kinokarte näher anzuschauen, da
hier für einen Kurzfilm geworben wurde, den
es nach umfangreichen Recherchen unserer

Redaktion nie gegeben hat. Selbst Kinoexperten aus Hollywood konnten keine Auskunft über den Inhalt, die Hauptdarsteller und den Drehort geben.

Scheint es sich nur um einen Scherz zu handeln, den sich der Hausbesitzer erlaubt hat? Ist es gar ein Hinweis auf einen neuen Kassenschlager?

Der Kurier wird Sie in den nächsten Tagen weiterhin auf dem Laufenden halten. Schauen Sie zwischendurch auf unsere Webseite für aktuelle News.

«Kino in der Lebkuchengasse»
gibt ein weiteres Rätsel auf

Nach wie vor gibt die kürzlich gefundene Kinokarte in der Lebkuchengasse ein echtes Rätsel auf. Bisher konnte keine verbindliche Auskunft über die Herkunft und den genannten Filmtitel gemacht werden.

Experten stellten fest, dass es sich bei der darauf angegebenen Sitzreihe nicht um einen Platz handelte, den man belegen konnte.

Zur Lösung sämtlicher offener Frage wird unser Kino für einen Nachmittag geöffnet, um den vielen Fragen auf den Grund zu gehen. Es werden Experten aus aller Welt in der Lebkuchengasse erwartet.

Titel des Kurzfilmes offenbar geklärt

Dem eingeschworenen Expertenteam der Kreadenk (einer Spezialeinheit für die Erforschung von Kreativitäten und Denkwaren) hat es nach umfangreichen Nachforschungen geschafft: Sie konnten das Rätsel um den bisher unbekannten Film, der auf der mysteriösen Kinokarte (wir berichteten) aufgedruckt war, offenbar lösen.

Es handelt sich dabei um einen unveröffentlichten Kurzfilm mit dem Titel «Ason».

Der Redaktion liegen Ideengeber und Darsteller vor. Näheres bald in Ihrem Kurier.

13,5 - doch nur im «Kino in der Lebkuchengasse»?

Kurz vor dem Bekanntwerden des Inhaltes des seltsamen Fundes in einer Häuserwand in unserer Lebkuchengasse ist die Frage nach der auf der Kinokarte aufgedruckten Sitzreihe geklärt.

Es handelt sich um einen VIP Sitz, der aber schon zu Beginn der 1990er Jahre aus Sicherheitsgründen abgebaut werden musste.

Konnte man dort andere Streifen sehen als die restlichen Zuschauer? Vor der Beantwortung der Frage gehen wir ein paar Jahre in die Vergangenheit zurück, denn alles begann schon früher.

Weil das Gefühl ganz groß ist

Der Adventskalender findet langsam sein Finale. Heute ist der 23.12. und morgen Abend ist es soweit. Es ist nicht nur Weihnachten, sondern die Erstaufführung unseres Kurzfilmes «Ason». Hier sei der Inhalt kurz verraten: Die einzige Szene des Filmes besteht darin, dass sich zwei beste Freunde unter einem Baum treffen und ihre Gedanken zu den unterschiedlichsten Fragen austauschen. Das «Kino in der Lebkuchengasse» öffnet pünktlich um 16 Uhr zur Premiere von «Ason».

Angekommen ohne Kompromisse

Lesen Sie heute in unserer Extraausgabe des Kuriers exklusive Statements zum Start des Kurzfilmes «Ason»:

Maria: «Bin äußerst gespannt. Von dem Kurzfilm habe ich nie etwas gehört. Zudem war ich äußerst überrascht, dass ich plötzlich dazu eine Kinokarte gefunden habe. Im «Kino in der Lebkuchengasse» war ich seit meiner Studentenzeit nicht mehr. Ich kann es kaum erwarten.»

Jugi: «Wieder einmal wird es Weihnachten und somit aufregend für mich. Im «Kino in der Lebkuchengasse» war ich noch nie.

Masi: «Nun darf ich zusammen mit Uli rechtzeitig zum Fest einen Film sehen, den es schon lange gibt. Herzklopfen pur.»

Dasha: «Ich bin auch wieder hier. Meine Gefühle fahren Achterbahn, ich kann kaum noch klar denken.»

Premiere des Kurzfilms «Ason»

Die Wintersonne verschwindet schon langsam hinter dem Horizont. Der Himmel scheint an diesem Abend in einem rotorange. Heute ist die Luft kalt, der Atem gefriert einen fast in der Nase.
Aus der Ferne hört man weihnachtliche Musik und die Stadt ist stimmungsvoll beleuchtet.
Eine einmalige Stille breitet sich aus, man nimmt sogar das Stapfen durch den Schnee anders wahr. Der Film beginnt gleich.

In diesem Augenblick öffnete sich die mittlere Tür des Kinos und das längst erloschene Licht im Vorraum erstrahlte.

«Herzlich willkommen im «Kino in der Lebkuchengasse»! Mein Name ist Mia und ich darf euch heute Nachmittag bei unserer Premiere begleiten.

Bitte legt alle eure Eintrittskarten für Ason bereit und kommt mit.», kam es ihr hektisch über die Lippen.

Es blieb kaum Zeit, denn aus dem Vorführraum hörte man schon erste Musik. Die Luft roch modrig und war schwer. Das schummrige Licht von den Seiten gab nicht den einladenden Eindruck, den man sonst von einem Kino hat.

Sogleich fing die Filmpremiere von «Ason» an, dessen kleines Drehbuch im Anschluss folgt.

Weißt du, wer du bist?
Du erkennst es durch Selbstreflexion und dein persönliches Umfeld.

Zunächst nehme ich erst mal alles an und dann überlege ich mir, ob die Menschen recht haben oder ob es andere Hintergründe gibt, warum etwas gesagt wurde.

Hauptsächlich lasse ich nur die Meinung von den Menschen ran, von denen ich weiß, dass sie es gut mit einem meinen.

Was sind für dich Gefühle?
Gefühle gibt es in den unterschiedlichsten Facetten.
Liebe und Vertrautheit sind für mich die Gefühle, die am meisten Wert haben.
Aber das allerbeste Gefühl ist, wenn man bei sich selbst angekommen ist. Man fühlt sich dann befreit von allen äußeren Zwängen.

Welche Menschen brauchst du in deinem Leben?
Die wichtigsten Menschen in meinem Leben sind Familie und Freunde.

Gibt es für dich den einen Gott?
Auf jeden Fall. Ich kann alles in seine Hände legen und bitte ihn darum, dass er alles so macht, wie er es für richtig hält. Dabei muss er nicht immerzu etwas Gutes nur für mich machen.
Wenn es nicht mit meinem Wunsch übereinstimmt, dann macht es nichts, denn es könnte trotzdem gut für mich sein. Meinen Glauben muss ich auf keinen Fall vor anderen verstecken.

Was ist Liebe für dich?

Bis ich Liebe fertig beschrieben habe, würde es Jahre dauern. Das Gefühl an sich kann man gar nicht beschreiben. Kurz gesagt: Du fühlst dich angekommen ohne «wenn und aber». Du brauchst nichts anderes mehr. Du bist unbesiegbar. Es kommt nichts mehr an einen ran, nichts Böses mehr.

Manchmal kann es sogar sein, dass man alles aufgibt für die Liebe. Sich selbst aber nicht, denn darum wird man ja geliebt.

Woran erkennst du die wahre Liebe?

Du brauchst keine Kompromisse mehr eingehen. Man ist dann mit dem anderen Menschen seelenverwandt und versteht sich, ohne etwas zu sagen. Der eine antwortet, obwohl man die Frage noch nicht einmal gestellt hat.

Was ist Glück für dich?

Glück begegnet einem, wenn man es sich gut gehen lässt.

Dies sollte jeden Tag geschehen, auch wenn es für jeden individuell ist. Du wirst in einem Moment so gefühlsmäßig berührt, dass du Glückshormone ausschüttest und es dann zum Glücksgefühl kommt.

Du kannst es durch Konditionierung beeinflussen, wenn du genau das machst, was du in diesem Augenblick auch wirklich gerne machen möchtest.

Ist die Zeit ein Feind des Menschen?
Nicht unbedingt, nur wenn du einen schönen Moment hast, dann wünschst du dir mehr Zeit. Wenn du weißt, dass du nicht viel Zeit hast, dann genießt du den Moment intensiver.
Wenn du es dabei schaffst, alles andere und deine Verpflichtungen auszublenden, dann kannst du wirklich alles vollständig genießen.

Was gibt dir Halt im Leben?
Richtigen Halt im Leben geben mir Glaube, Familie, Partner, Freunde, aber da nur wenige.

Wie hältst du es mit dem Loslassen von schlechten Erfahrungen?
Du kannst Sachen loslassen, wenn du sie gedanklich in Briefkuverts steckst, sie dann zumachst und an einen gedanklichen Luftballon hängst und wegfliegen siehst.
Genauso kannst du es mit Wünschen machen. Vielleicht passiert dann das, was du dir wünschst. Aber um auf die Frage zurückzukommen: Auch die Psychologen machen es

so, dass man die Gedanken irgendwo reinsteckt und sie dann weggibt. Dann hast du es geistig und gefühlsmäßig losgelassen.
Manchmal ist es aber so, dass man eine Frage oder etwas Ungeklärtes hat, weshalb man nicht loslassen kann. Entweder rede ich dann mit anderen, damit ich einen neuen Blickwinkel bekomme oder ich löse die Frage für mich selbst, wenn es gar nicht anders geht.
Du darfst dich dann nicht wegen etwas schuldig fühlen. Man darf es sich dann gar nicht erst einreden. Sonst kannst du dir nur selbst verzeihen und dir schlussendlich sagen: Das nächste Mal weiß ich es besser. Der Grund, warum einen etwas belastet, darf dann nicht mehr so präsent sein.
Die Kraft darf es einen nicht rauben, weshalb du immer überlegen musst, um welche Leute es sich bei deinen Gedanken handelt.
Die Lebensfreude und die Energie dürfen einem nicht dabei entgehen.

Darf man auf sich stolz sein?
Ganz klar: Man muss sogar. Loben mich andere dafür, dann habe ich gelernt, dies so anzunehmen, ohne den Boden unter den Füßen zu verlieren oder gar abzuheben. Stolz sein sollte immer auf Bescheidenheit beruhen. Das schaffst du nur, wenn du authentisch bist.

Wie authentisch bist du?

Ich bin so, wie ich immer bin. Das ist für viele Menschen nicht immer so einfach, denn man vermutet hinter jedem ein Stück Schein und Verstellung.

Deine Mitmenschen sind umso mehr überrascht, wenn man immer so ist wie man ist. Oft denkt man dann, dass dies eine Fassade ist. Wer gibt schon freiwillig und ehrlich zu, dass man was verbockt hat?

Dies kann für eine Meinung gelten, die nicht die ganze Welt hat.

Hier bist du es nicht gewöhnt, dass man ehrlich ist, denn die Menschen denken, dass man immer nur das sagt, was man hören will. Menschen glauben daher manchmal mehr, wenn man lügt, als wenn man die Wahrheit sagt. Sie kommen mit der Ehrlichkeit nicht klar, weil sie es nicht gewohnt sind.

Nicht jeder traut sich, so zu sein, wie er tatsächlich ist. Dazu musst du «mittig» sein, damit dir das gelingt. Beachte aber, dass du dies auf einem normalen Weg machst und keinem dabei schadest. Kurzum: Die Offenheit macht es aus!

Oftmals bewundern dich Menschen, weil sie es toll finden, wie du bist. Andererseits können sie es aber selbst nicht sein, was sie wiederum schlecht finden und können dann mit dir möglicherweise nichts anfangen.

Schlimmstenfalls halten sie sich wie der Teufel vom Weihwasser fern, weil sie mit einem solchen Verhalten nicht klar kommen. Aber wenn du jemanden triffst, der genauso ist, dann merkst du das sofort – dies ist dann eine Wellenlänge und man ist seelenverwandt. Genau solche Menschen finden sich dann.

Mit diesen Worten endete der kleine Film und alle Zuschauer verweilten eine ganze Weile im Kinosaal der Lichtspiele in der Lebkuchengasse und ließen die gezeigten Bilder und gesprochenen Worte auf sich wirken.

Zetha, Unki, Mitti und Mogli waren ebenfalls begeistert von den gefühlvollen Worten Lunellis, der in diesem Moment mit seinem Erzählen aufhörte.

«Einmalig, wunderschön!», sprudelte es aus Unki heraus.

«Ein toller kleiner Film zum Weihnachtsfest. Eine fast schon unglaubliche Begegnung hier in der Lebkuchengasse.», ergänzte Mitti die Worte seiner Frau und Mogli nickte scheinbar übereinstimmend zu.

Zu später Abendstunde verabschiedeten sie sich dann von Lunelli und Zetha und begaben sich zurück zu ihrem Märchenbus, der nach wie vor auf dem Marktplatz stand.

Mittlerweile waren es nur wenige Tage bis zum Heiligabend und in dieser Nacht wurde wie von mysteriöser Geisterhand der überdimensionale Weihnachtsbaum auf dem Marktplatz direkt neben dem Märchenbus festlich geschmückt. Alle drei waren von ihren bisherigen Erlebnissen so beeindruckt, dass sie tief und fest schliefen und das alles nicht mitbekommen haben.

Es vergingen einige Tage, an denen unsere Freunde den Menschen in der Lebkuchengasse noch mehr Geschichten erzählt haben. Am Morgen des 24. Dezember fingen Mitti und Unki an, ihren Märchenbus fertig für ihre Rückreise nach Hause vorzubereiten. Die Menschen in der Lebkuchengasse, sowie ihre neuen Freunde Lunelli, Zetha, Herr Hansemann und die Gräfin wollten am Vormittag alle noch mal bei ihnen vorbeikommen, um sich zu verabschieden.

«Zeit, «Auf Wiedersehen» zu sagen, mein lieber Mann», sprach Unki mit einem leicht traurigen Unterton. Sie legte dabei alle Bücher im Märchenbus wieder zurück an die gewohnten Stellen.

«Ja, eine schöne, aber auch kurze Zeit in der Lebkuchengasse geht zu Ende.», erwiderte Mitti mit einem ebenfalls nachdenklichen

Unterton und überprüfte dabei, ob der Märchenbus nach diesen Tagen startbereit sei.

Mogli kuschelte sich ein bisschen in seine warme Decke und blinzelte vorsichtig einmal hervor, wollte aber nicht geweckt werden, obwohl er schon ein wenig wach war. Ja, Hunde sind manchmal nur ein Stückchen wach, weil es immer sein kann, dass ein Leckerli für sie abfällt oder es sonst etwas geben könne, was für sie interessant wäre.

Aber was war das da am linken Scheibenwischer an der Heckscheibe des Märchenbusses? «Schatz! Schatz!», rief Mitti plötzlich lautstark und sprang vom Fahrersitz auf. Unki und Mogli flitzen zugleich herbei.

«Was denn? Ich bin beschäftigt und wir wollen doch heute noch pünktlich zu Hause ankommen.», überkam es Unki plötzlich und war aber im gleichen Augenblick für kurze Zeit sprachlos.

Am linken Scheibenwischer ihres Märchenbusses hing ein kleiner gelber Zettel. Obwohl es mittlerweile draußen kalt war, sprang Mitti kurzentschlossen aus dem Bus und holte das ominöse Papier nach drinnen. Leicht durchfroren setzte er sich wenige Minuten später zu seiner Frau und las vor:

Herzliche Einladung zum Heiligabend.
In der Lebkuchengasse.
Zeit? Heute ab 16:00 Uhr!

Treffpunkt? Unter dem großen Weihnachts-
baum.

«Weihnachten feiern? Hier? Unter dem
Weihnachtsbaum? Was soll das nun wie-
der?»

«Warte mal! Hier steht noch: Herzliche
Grüße von Zetha und Lunelli.»

«Aber davon haben sie gestern gar nichts ge-
sagt. Wir wollten doch heute noch einen gro-
ßen Vorrat an Lebkuchen von Lunelli mit-
nehmen und dann starten.»

«Ja, ja, vielleicht gehen wir mal zu den bei-
den. Jetzt gleich. Das Geschäft hat seit ein
paar Minuten geöffnet.» Kurz entschlossen
machten sich Mitti und Unki auf den Weg
zur Lebküchnerei. Dort wurden sie schon
sehnsüchtig von Zetha erwartet.

«Also? Ich habe da eine Einladung von euch
für heute Abend!»

«Was? Wir haben eine Einladung von euch
beiden auch für heute Abend.»

Zetha, Unki und Mitti schauten einander
fragend an, während Lunelli aus der Back-
stube kam. Von dort roch es erneut wieder
verführerisch, alle dachten fast, dass es am
Heiligabend besser als an den anderen Tagen
roch. Anis, Zimt und Vanille durchströmte
die gesamte Lebküchnerei.

«Habt ihr alles schon geklärt? Wir kommen gerne, aber in den Märchenbus? Da haben wir doch gar keinen Platz zusammen.»

«Wer spricht von unserem Bus? Wir haben hier als Treffpunkt unter dem Weihnachtsbaum stehen.»

«Wir auch!»

Stille in der Lebküchnerei. Plötzlich klingelte das kleine Glöckchen an der Tür und die Gräfin Ganzgenau und Herr Hansemann kamen herein.

«Werteste Herrschaften! Wünsche Ihnen mit vorzüglichsten Wertschätzung und tiefster Aufrichtigkeit einen wundervollen guten Morgen an diesem so verheißenden Tag.», begrüßte die Gräfin alle zusammen.

«Hallo! Guten Morgen!», sagte Herr Hansemann erfreut.

«Werte Damen, werte Herren, uns wurde in recht unerklärlichen Umständen in der gestrigen Nachtstunde jenes gelbe Papier zugetragen. Wir verheißen die Festlichkeit am heutigen, Heiligen Abend zu Stunde ab der 16..»

«Sehr geehrte Gräfin, mit Verlaub: Wir haben dieses gelbe Papier auch erhalten. Uns selbst wurde es auch in bisher ungeklärter Weise überbracht.»

«Nun ja, dann wollen wir diesen sehr verhei-
ßungsvollen Abend sehr gerne unser verbun-
dene Zustimmung überbringen und Ihnen
recht herzlich für die Einladung danken. Wir
nehmen uns dann später wieder gemeinsam
in Augenschein.», fuhr die Gräfin Ganzge-
nau fort und rutschte ihre Brille und ihren
roten Schal zurecht.

Herr Hansemann spielte freundliche Mine
und beide verließen wieder die Lebküchnerei.

«Lunelli, Zetha, was hat es mit diesem gel-
ben Briefchen nun auf sich? Wer hat uns ein-
geladen?»

«Wir haben auch keine Ahnung, wie die und
umgekehrt. Aber lasst uns doch alle heute
Nachmittag unter dem großen Weihnachts-
baum treffen. Wenn es nichts ist, dann dürft
ihr gerne bei uns bleiben. Dann feiern wir
Weihnachten zusammen. O. k.?»

«Prima Idee. Das machen wir. Also bis spä-
ter.»

Doch bevor Unki und Mitti wieder den La-
den verließen, nahm sich Mitti einen dunk-
len Schokoladenkuchen von der Ablage und
biss genüsslich rein.

«Alte Naschkatze!», mahnte ihn seine Frau
Unki und Zetha lachte nur leise vor sich hin.

Auf dem Weg zum Märchenbus bekam Unki die Hälfte des leckeren Lebkuchens, denn geteilte Lebkuchen schmecken noch mal so lecker.

«Also, bleiben wir jetzt heute und über Weihnachten noch hier?», fragte Mitti nochmals unnötigerweise nach, obwohl schon alles entschieden war.

Ohne eine Antwort begaben sich beide zum Märchenbus zurück. «Wir haben noch genug für die Feiertage dabei, es fehlt uns an nichts, auch nicht an Leckerlis.», sagte Unki. Bei diesem Wort blinzelte Mogli, der sich nach wie vor seinen verdienten Erholungsschlaf widmete.

«Gut, dann lass uns die Zeit bis heute Nachmittag noch ein bisschen mit Ausruhen verbringen. Außerdem möchte ich noch unsere Erlebnisse aus der Lebkuchengasse aufschreiben. Könnte ja sein, dass es eines Tages einmal gedruckt wird und wir ein kleines Buch herausgeben. Vielleicht auch mit dem Namen Lebkuchengasse.», schlug Mitti vor. Währenddessen ließ sich Unki auf dem Ohrensessel im hinteren Bereich des Märchenbusses gemütlich nieder und las in ihren Lieblingsbüchern. Ein angenehmer Vor- und Nachmittag wie man ihn sich nur so vorstellen konnte, verging wie in Windeseile.

Mitti schrieb ein paar weitere kleine Geschichten auf:

Was man von der Kuh Elsa lernen kann – ein kleines Märchen aus dem Allgäu

Heute, liebe Freunde, möchte ich euch das Märchen von der Kuh Elsa erzählen. Es ist eine kurze Geschichte, die man sich im Allgäu immer wieder gerne erzählt.

In einem kleinen, verträumten Tal inmitten der Hochalpen hat der Bauer Baldur Berggold mit seiner Frau Barbara Berggold eine kleine Raststätte für die Einkehr der Wanderer, die sich durch das Tal begeben und eine Stärkung suchen. Jeden Tag kamen viele von ihnen bei Familie Berggold vorbei, um es sich bei frischer Kuhmilch und einem Brotzeitteller gemütlich zu machen. Baldur und Barbara hatten direkt neben ihrem Restaurant eine Weide für ihre 17 Kühe. Als Besucher konnte man etwas essen und trinken und dabei den Kühen beim Weiden zusehen. Eines Nachmittags war unter den vielen Gästen ein wohlhabender Manager. Als dieser so mit seinem Essen beschäftigt war und den Kühen zusah, kam ihm eine entscheidende Frage: Warum ist weniger mehr? Was soll ich mit all meinen Sorgen machen?

Tief in seinen Gedanken versunken, gesellte sich eine junge Frau hinzu, die ständig damit beschäftigt war, ihr Smartphone startklar zu bekommen. Sie murmelte nur: «Auch wenn ich im Urlaub bin, brauche ich alle meine Mails und Nachrichten. Sonst bin ich aufgeschmissen und total verloren.»

Am Ende aber konnte sie trotz unzähliger Versuche das Gerät nicht zum Laufen bringen, weil es in diesem Gebiet keinen Netzempfang gab. Als beide verzweifelt und nur mit sich selbst beschäftigt auf der großen Holzbank saßen, gesellten sich eine weitere Frau und ein weiterer Mann hinzu. Sie waren nur mit anderen Dingen beschäftigt, als sich vom Anblick der Natur inspirieren und verwöhnen zu lassen. Die beiden vornehmen Personen hatten eine riesige Uhr und einen überdimensional großen Jahreskalender dabei. Sie sprachen nur von Umsatzzahlen, Jahresbericht und allerlei Vorherschauen.

Barbara und Baldur Berggold beobachteten ihre Gäste eine ganze Weile. Schließlich nahmen sie vier große, bunte Tassen und füllten sie mit frisch gemolkener Kuhmilch. Baldur war zu diesem Zeitpunkt mit dem Mähen seiner Wiese vor dem Haus fertig geworden. Die Luft roch nach frisch gemähtem Gras und die warme Sonne schien wie an einem der schönsten Sommertage.

Barbara und Baldur stellten den Gästen jeweils eine Tasse der Milch auf dem Tisch. Sogleich begann der Bauer mit bescheidenen Worten zu philosophieren: «Bei uns ist die Welt noch in Ordnung. Wir haben alles, was wir brauchen und was wir uns wünschen. Jeden Tag schaue ich meinen Kühen beim Fressen zu und es ist immer wieder ein schönes Erlebnis.»

Mit einem Male wurde der Manager aufmerksam, sollte er jetzt gleich eine Antwort auf seine Frage bekommen?

Die Frau legte ihr Smartphone zur Seite, als sie merkte, dass es jetzt doch hochinteressant werden könnte. Der andere Mann und seine Begleitung erkannten in diesem Augenblick ebenfalls, dass es aufregend werden könnte und haben den Kalender und die Uhr ins Gras fallen lassen.

Barbara Berggold setzte die Gedanken ihres Mannes fort: «Ja, auch ich schaue unseren Kühen immer beim Fressen zu. Unser gemeinsames Vorbild ist vor allem die Kuh Elsa. Sie lässt sich von nichts aus der Ruhe bringen. Kein Zeitdruck, kein Stress, sie hat eben auch alles, was sie sich wünscht. Elsa ist eine glückliche Kuh, wie alle unsere anderen Kühe auch. Wir haben aus ihrem Verhalten einige Leitgedanken gemacht:
Ich lebe und zwar jetzt!

Habe ich Sorgen, Kummer oder Stress, nehme ich mir Zeit dafür, um darüber nachzudenken. Am besten mache ich dabei ein Schläfchen.

Weniger ist oft mehr und Bescheidenheit zahlt sich aus. Nicht in Geld, sondern mit innerer Herzensruhe.

Jeden Tag sollten wir uns alle einige Zeit nehmen, um innezuhalten und zu überdenken, ob wir uns die tägliche Last überhaupt leisten müssen.

Die Kuh Elsa ist in ihrer Welt glücklich, also lernen wir von ihr und lernen in unserer Welt glücklich zu sein, mit allem, was wir haben.»

Lange schweigend saßen die vier Gäste sowie Baldur und Barbara auf der großen Holzbank und sahen Elsa beim Fressen zu.

Was sich die Kuh Elsa vom Nikolaus wünschte

Auf vielfachen Wunsch gibt es eine zweite Geschichte von der Kuh Elsa. Kühe können zwar nicht schreiben oder sprechen, dafür aber muhen. Muhisch kann man anderen Meinungen zum Trotz schnell und sicher lernen. So hat diese Sprache der Bauer Berggold vor einiger Zeit gelernt.

In der Vorweihnachtszeit waren seine Kühe schon in ihrem Winterquartier im Stall neben dem Wohnhaus von ihm und seiner Frau Barbara. Am Abend vor dem Nikolaustag war die Kuh Elsa sichtlich aufgeregt. Stundenlang fraß sie und trank sie immer wieder abwechselnd. Der Bauer Berggold hat sich nach getaner Arbeit dann zu seiner Elsa gesetzt und versucht, mit ihr muhisch zu reden. An dieser Stelle gibt es anstelle des wortgetreuen Dialogs zwischen dem Bauern und seiner Kuh eine kleine Zusammenfassung.

Die Kuh Elsa hat sich ein bisschen beschwert, dass sie immer während und nach einem ergiebigen Regenwetter ein wenig Probleme hat. Sobald es zu regnen beginnt, fühlt sie sich schnell durchnässt. Die Zeit nach dem Regen ist ebenfalls für sie kein Anlass zur Freude, weil sie ihre vier Beine dann immer in der Nässe stehen lassen muss und glaubt, dass sie eine Erkältung bekommen würde.

Der Bauer Berggold war von diesen Informationen überrascht, sorgte er doch immer für seine Kühe, dass es ihnen gut geht. Die Kuh Elsa hatte einen konkreten Vorschlag zur schnellen Lösung des genannten Problems: Sie wünschte sich vom Nikolaus eine Regenmütze, einen Friesennerz und vier hohe Gummistiefel. Alles sollte in quietschgelber

Farbe sein und wasserundurchlässig, sowie
für sie wärmend.

Bauer Berthold traute nach wie vor seinen
Ohren nicht, schrieb aber den Wunsch von
der Kuh Elsa ordnungsgemäß auf und legte
ihn am Abend unter die beiden alten Arbeits-
schuhe vor dem Stall. Leicht beunruhigt be-
gab er sich zu seiner Frau, die sich beim Er-
zählen vor Lachen nicht mehr halten konnte.
Die Nacht verging und am Nikolaustag war
Bauer Berggold weiterhin sichtlich nervös,
zumal «der Wunschzettel» nicht mehr da
war.

Beim Einbruch der Dunkelheit machte er
sich auf den Weg zu seinen Tieren im Stall,
um ihnen Futter für den Abend zu geben und
um nach dem Rechten zu schauen. Plötzlich
klopfte es an die große Stalltür. Bauer Berg-
gold öffnete diese vorsichtig und da stand
eine große braune Stofftasche mit der Auf-
schrift: «Für die Kuh Elsa» mit lieben Grü-
ßen vom Nikolaus.

Bauer Berggold rieb sich mehrfach die Au-
gen, bevor er die Tasche, welche vor ihm
stand, nahm. Wer hätte das gedacht? Darin
befanden sich alle Dinge, die sich Elsa ges-
tern vom Nikolaus gewünscht hatte.

Der Bauer rannte zu seiner Kuh und zeigte
ihr das eben erhaltene Geschenk. Die Kuh
Elsa konnte ihre Freude über die erfüllte

Überraschung gar nicht bändigen. Vor lauter Glück bewegte sie sich hastig auf ihren Platz hin und her und ließ dabei ihre Glocke laut klingen. Die anderen Tiere von Bauer Berggold bekamen an diesem Abend auch etwas vom Nikolaus, denn er brachte ihnen eine Extraportion vom leckeren Futter.

Ab dem nächsten Frühjahr hatte die Kuh Elsa ihre perfekte Regenausrüstung im Einsatz. Und wer einmal im Allgäu zu Besuch ist oder gar seinen Urlaub in dieser bildhübschen Gegend macht, der sollte die Augen offen halten. Vielleicht sieht man ja eine Kuh mit quietschgelber Regenmütze, Friesennerz und hohen Gummistiefeln. Die Kuh Elsa wird es dann auf jeden Fall sein. Bleiben wir voller Neugier.

Mitti dachte an diesem Nachmittag vor dem Weihnachtsfest an eine weitere Begebenheit in der Lebkuchengasse, die er ebenfalls in sein großes Buch aufschrieb:

Das Geheimnis der verlorenen Wörter

Nicht weit von der Lebkuchengasse entfernt gab es ein kleines Stück Wald. Tannen- und Fichtenbäume standen dicht nebeneinander.

Ein bisschen schwierig war es, dort zu wandern. In diesem Wäldchen ging es steil bergab, aber gleichzeitig wieder bergauf. Auf einer Anhöhe lebte Mondo Magico und seine Frau Monda Magica in einem auf den ersten Blick ungewöhnlichen Haus.

Ihr Domizil war außen vollkommen mit Holz verziert und es gab große und helle Fenster. Unter dem Dachgiebel hauste schon seit Jahren eine Eule, die quasi die Hauseule der beiden war. Im Laufe der Zeit hat sie sich an das Leben mit Mondo und Manda gewöhnt. Die beiden hatten zwei Kühe, die am Rande des kleinen Waldes lebten und die meiste Zeit damit verbrachten, sich das leckere Gras schmecken zu lassen. An frischer Milch fehlte es Mondo und Manda bei weitem nicht. Manda liebte es, am Hang einen kleinen Garten zu pflegen, damit den beiden Obst, Gemüse und Kräuter nie ausgingen. Seit geraumer Zeit bastelte Mondo an einer kleinen Erfindung.

Seine Frau und er waren der Ansicht, dass die Menschen über Jahre hinweg viele bedeutende und vor allem höfliche und freundliche Wörter verlernt oder vergessen haben.

Mondo war mit seinem ersten Prototyp der «Wort – Manu – Faktur» fertig geworden, als das schier Unmögliche geschah. Wieder einmal saß er an seiner kleinen Maschine und war dabei, die ersten der verlorenen Wörter einzugeben. Jedes Mal, wenn es regnete, sollten diese mit auf die Erde fallen, damit die Menschen sie wieder aufs Neue erlernten.

«Wort – Manu – Faktur» war deshalb der gewählte Name für Mondos Patent, weil er von Hand gemacht nur die allerbesten Wörter, Gedanken und Sätze eingeben wollte. Dichte Regenwolken zogen auf und es schien gewiss ein großes Unwetter hereinzubrechen.

Manda war in diesem Augenblick mit ihren letzten Einmacharbeiten aus der Ernte ihres Gartens beschäftigt. Sekunden später folgte ein kräftiger, schauerartiger Wolkenbruch und aus der Ferne konnte man schon ein herannahendes Gewitter hören. Der Wind wurde heftiger, so dass es die beiden geöffneten Fenster schnell zuflogen. Triefnass kam Manda, die kurz vorher noch einmal draußen war, ins Haus. Ihr Mann merkte dies zunächst gar nicht, weil er immer mit vollen Gedanken bei seiner Maschine war.

«Nur noch einen kleinen Handgriff und...», dachte Mondo leise vor sich hin.

«Schatz, willst du nicht lieber aufhören? Es kommt ein starkes Gewitter!», warnte ihn seine Frau vorsichtshalber.

«Nein, nein, ich hab's gleich. Ich weiß, dass es dieses Mal klappen wird.», widersprach ihr Mann siegessicher.

Mittlerweile blitzte und donnerte es immer mehr. Der Regen kam durch den extrem wolkenverhangenen Himmel heftiger auf die Erde als Minuten vorher.

Doch dann: Ein lautes Zischen, eine kleine Explosion an der Antenne, die die Wörter, Gedanken und Sätze in den Himmel senden sollte. Der Strom im Haus war weg, alles auf einmal dunkel. Mondo und Manda erkannten nichts mehr.

«Was um alles in der Welt war das jetzt?!», schrie Manda voller Aufregung und rannte im Raum hin und her.

«Wo haben wir denn nur unsere Kerzen? Ich brauche sofort Licht, weil ich wissen muss, was los ist.», brummte Mondo in den dunklen Raum. Seine Frau Manda war zum Glück so organisiert, dass sie sich ohne Licht im Haus auskannte.

«Ich hab was!», rief sie vom anderen Ende des Zimmers und entzündete eine große Kerze, die den Raum mit einem angenehmen Licht erfüllte.

«Hier geht uberhaupt nichts mehr! Ich kann nichts mehr andern.», jammerte Mondo voller Verzweiflung.

«Was fallt dir uberhaupt ein, so zu sprechen? Da fehlen doch die wichtigsten Worter.», fand Manda gleich heraus.

«Wieso fehlen? Du sprichst doch genau so die Worter falsch aus. Das ist fur mich unverstandlich.»

«Du sagst es. Es fehlen die Punkte auf a, o und u. Was ist denn jetzt los?»

«Keine Ahnung. Fallt mir jetzt auch auf. Ich muss wohl was Falsches gedruckt haben.»

Die beiden saßen den ganzen Abend in ihrem Haus. Zum Glück funktionierte kurze Zeit später wieder der Strom und sie hatten die Möglichkeit, am Abend etwas Radio zu hören.

«Lebkuchengasse – heftiges Gewitter hat unsere Lebkuchengasse heimgesucht. Der starke Regen hat viel Wasser auf die umliegenden Acker gebracht. Werte Zuhorer, wie Sie vielleicht schon gemerkt haben, fehlen mir die Punkte auf den Buchstaben a, o und u. Wir wissen nicht, wie es zu einer solchen Panne kommen konnte. Wer mehr in Erfahrung bringen kann, meldet sich bitte bei uns im Studio.»

Tags darauf schneite es heftig und die Temperaturen kletterten unverhofft und schlagartig deutlich in den Keller. Mitti und Unki haben diese Sondermeldung im Radio eben-

falls gehört, als sie es sich in der Lebküchne-
rei bei Lunelli Lebkuchen und Zetha Zimt-
stern gemütlich machten. Das Unwetter vom
gestrigen Tage hat langsam nachgelassen,
denn es dauerte bis weit in die Nachtstunden
an. Zetha erzählte ihren Freunden von ihren
Begegnungen mit Mondo und Manda und
dass diese freundliche Zeitgenossen sind.
Beide leben am liebsten in der Abgeschieden-
heit und wohnen deshalb wenige Gehminu-
ten von der Lebkuchengasse entfernt.

«Ihr musst euch mal deren Baume ums Haus
ansehen, weil sie da unterschiedliche Dinge
aufgehangt haben. Es gibt dort alles: Besteck
und Topfe, aber auch bunte Lampions zu be-
wundern. Von den Baumen hat Mondo ein
paar seiner alten Langspielplatten herabge-
hangt. Wirklich sehenswert und besucht die
beiden doch mal die freuen sich bestimmt.»,
sprach Zetha.

Unki und Mitti genossen ihren leckeren
Ofenwärmertee mit Zimt und Kardamom
und ließen es sich bei Lunellis vorzüglichen
Lebkuchen wieder einmal für eine Weile gut
gehen. Frisch gestärkt brachen sie mit ihrem
treuen Begleiter Mogli auf und machten sich
auf den Weg zu Mondo und Manda.

Dick und warm eingepackt war es an diesem
Tag besonders notwendig, weil der bitter-
kalte Wind erneut viel Schnee brachte und

einem das Frieren lernen konnte. Mogli kämpfte sich hinter den beiden durch den hohen Schnee. Für ihn war es deutlich zu kalt, denn er trug eine kleine, rote Mütze über seine Schlappohren.

«Da, da oben muss es sein, mein Schatz.», bemerkte Mitti nach wenigen Metern. Und so war es dann: Unki, Mitti und Mogli erreichten das Haus von Mondo und Manda. Sie wurden auf das herzlichste von beiden begrüßt und zugleich in ihr Haus gebeten.

«Also das war gestern wirklich ein sehr schlimmes Unwetter. Erst Tage vorher Schnee und Kalte dann wieder warm und Regen und seit heute wieder Winter. Ihr konnt euch gar nicht vorstellen, was mir passiert ist.», begann Mondo zu erzählen.

Ein wärmendes Kaminfeuer flackerte im Hintergrund und zauberte eine gemütliche Atmosphäre.

«Da haben wir was gestern im Radio gehort.», sprach Unki mit ruhiger Stimme, wurde aber sogleich von Manda unterbrochen.

«Das waren wir, besser gesagt die «Wort – Manu - Faktur» von meinem Mann».

«Die Wort-was-Faktur?», fragte Mitti dazwischen.

«Na, meine «Wort – Manu – Faktur». Nie etwas davon gehort?», fragte Mondo enttäuscht.

«Nein!», kam es zeitgleich aus Unkis und Mittis Lippen.

«Dann will ich es euch mal erklaren: Menschen haben uber die vielen Jahre verlernt, dass es in ihrem Wortschatz ganz elementare, wichtige Worte gibt. Vielleicht haben sie diese auch vergessen. Aber egal. Ich bin dabei, eine Maschine zu erfinden, mit der es gelingt, diese Worte in ihrem Geist oder besser gesagt Kopf zuruck zu bringen. Allerdings ist das gar nicht so einfach, weil genau diese besagte Maschine gestern durch einen Blitz kaputtgegangen ist. Zudem fehlen bei jedem Wort die Punkte auf a, u und o.», führte Mondo weiter aus.

Einige Zeit haben sich die vier über dieses Thema ausgetauscht, bis Unki eine Idee hatte: «Wie ihr vielleicht wisst, lose ich technische Herausforderungen meist mit meiner Intuition. Ich lese nie eine Anleitung oder mache eine Recherche im Internet. Wenn ich also das Teil einmal sehen konnte, dann wurde ich einen Reparaturversuch wagen.», kam es Unki siegessicher über die Lippen.

Großes Staunen sah man in den Augen von Mondo und Manda. Mitti war sich seiner Unki wie immer sicher, da sie bei ihnen selbst schon auf diese Weise viele Dinge schnell und unkompliziert gelöst hat.

So geschah es und die «Wort – Manu – Faktur» von Mondo wurde wieder in Betrieb genommen. Unki hat mehrfach eine Tastenkombination aus dem grünen und dem roten Kopf gedrückt. Siehe da, das Gerät war erneut betriebsbereit. Manda und Mondo waren erstaunt, Mitti hingegen stolz auf seine Frau.

«Ö, ä , ü. Es geht wieder! Ach und wie war das gleich mit dem Programmieren der Wörter und Sätze?», fragte Mitti weiterhin wissbegierig, während alle um das mysteriöse Gerät herumstanden.

«Tja, ey, vielleicht hast du eine Idee, Unki?», entgegnete der nach wie vor fassungslose und ratlose Mondo.

Unki lief einmal um den Holzkasten herum, schaute zu der Antenne hinauf, die aus dem leicht geöffneten Dach ragte und sagte: «Das ist simple! Wir verbinden nur hier dieses kleine weiße Kabel mit deiner «Wort - Manu - Faktur». Dann denken wir an alle die Wörter, von denen wir uns wünschen, dass die Luft sie übertragen und auf die Menschen herablassen wird.»

Mondo schaute seine Frau erneut mit erstaunter Mine an. Mogli wedelte mit seinem

Schwanz, was stets ein Zeichen der Zustimmung ist.

«Also, gut, wenn du meinst.», antwortete Mondo leise.

«Ja, ja, das stimmt schon alles und lasst mich mal bitte machen.», reagierte Unki weiterhin erfolgsbewusst.

Das weiße Kabel sendete dann die vergessenen Worte an die Manufaktur und von dort aus über die Antenne direkt zu Schnobi Schneebär. Dieser bringt sie zusammen mit dem Schnee oder später mit dem Regen wieder für alle auf die Erde zurück. Wenige Augenblicke später waren Mondo, Manda, Unki und Mitti startklar. Sie standen um die Erfindung von Mondo, fassten sich an den Händen und schlossen die Augen.

Sofort machten sie sich ans Werk und starteten die Gedankenübertragung an Schnobi Schneebär.

Nach einer gefühlten Ewigkeit leuchtete die grüne Lampe an der «Wort – Manu – Faktur» nicht mehr. Das war das Zeichen, dass die Übertragung an Schnobi Schneebär abgeschlossen war.

Ausgelaugt genossen die Freunde einen warmen Glühwein und ließen den Tag langsam ausklingen. Vor Einbruch der Dunkelheit verabschiedeten sie sich von Mondo und Manda und erhaschten eine große, schwere

Wolke, die neuen Schnee ankündigte. In der folgenden Nacht hatte Schnobi Schneebär wieder einmal ganze Arbeit geleistet. Etliche Zentimeter Neuschnee lagen auf der Erde, nur dieses Mal funkelte er in unzähligen Kristallen.

Die Menschen in der Lebkuchengasse und nicht nur dort waren froh, dass sie endlich wieder ä, ö und ü sprechen konnten. Aber noch etwas war mit allen Menschen geschehen: Sie kannten wieder höfliche Formen, sie können bitten und danken und auch sonst hatte sich ihr Wortschatz um die vergessenen Wörter wieder deutlich bereichert.

Im Radio gab es eine Sondersendung dazu: «Liebe Zuhörerinnen, liebe Zuhörer, wir wünschen Ihnen einen schönen guten Morgen und hoffen, dass sie eine geruhsame Nacht hatten. Des Rätsels Lösung ist da, wir können alle wieder mit Umlauten sprechen. Und noch etwas: Unser Team freut sich, dass sie bei uns sind. Haben Sie einen angenehmen Tag und bleiben Sie uns treu.»

Unki, Mitti und Mogli nahmen diese frohe Botschaft war, als sie in ihrem Märchenbus den neuen Tag begrüßten und waren glücklich, dass die Geschichte zu einem so guten Ende führte.

Zum Schluss seiner Gedankenreise durch verschiedene Geschichten hielt Mitti drei Sagen aus dem Allgäu von Oma Orthe fest:

Der kleine Stern und der Berg – Nach einer alten Überlieferung aus den Allgäuer Alpen

Heute Nachmittag, liebe Freunde, erzähle ich euch eine alte Sage, aus dem Schatz der Allgäuer Alpen.

Zwischen den Jahren, so erzählt man sich, genauer gesagt am inoffiziellen dritten Weihnachtsfeiertag, hat man sich immer bei Oma Orthe im Einödhof zum Tee getroffen. Mag in dieser Zeit der Schnee noch so hoch gelegen haben, keiner aus dem kleinen Tal hat es versäumt, diese gemütlichen Stunden am Kamin bei Kerzenschein und einmaligen Geschichten zu verpassen. Oma Orthe kennt viele alte Sagen, die man sich seit hunderten von Jahren erzählt. Für Klein und Groß ist es das Highlight nach den Weihnachtstagen, sich bei ihr zu treffen. In diesem Jahr hatte Oma Orthe für ihre Freunde eine ganz außergewöhnliche Erzählung, nämlich die Geschichte vom kleinen Stern und dem Berg. Es war einmal, aber nein, das ist ja kein Märchen. Besser: Es gibt da in einem verlassenen

Tal einen hohen Berg. Im Laufe der Jahre wollte dieser immer weiter empor in den Himmel steigen, aber es fehlte ihm die Kraft. Zu neugierig war dieser, wie es da oben aussehen mag und außerdem hatte er ringsherum keine Freunde. Die übrigen Berge prahlten stets mit ihrer unermesslichen Schönheit und ihrem einmaligen Glanz. Tiefes Blau, herrliche Gesteinsmuster und hier und da ein bisschen Schnee. Alle Berge schienen in ihrer Pracht über das Tal und über die übrige Landschaft zu strahlen. Nur der eine hohe Berg war anders. Unten hatte er eine bunte Mischung verschiedener Nadelbäume, die sich leider nicht nach oben fortsetzte. Der Sturm, der das Tal in jedem Jahr heimsucht, hatte viele von den Bäumen kaputt gemacht. Überall lagen nur Reste von ihnen und von den Gesteinen sind etliche talabwärts gerollt. Kurz, im Auge der anderen Berge ist das einfach nicht schön und der Berg ist ihrer Meinung nach fehl am Platz.

Das machte den hohen Berg traurig und einsam. Er wusste nicht, was er tun sollte, damit es ihm besser geht.

In den Alpen ist die Nacht richtig dunkel. Bei alledem kann man die Sterne klar erkennen, wie sie am Himmel funkeln. Es sieht in mancher klaren Nacht aus, wie eine Vielzahl von

Edelsteinen, die es sich nebeneinander ge-
mütlich gemacht haben und auf die Erde her-
absehen wollten.

Nur einer der Sterne war in den Augen der
Übrigen nicht so gelungen. Er hatte keine
markanten Ecken und leuchtete bei weitem
nicht so hell und kräftig, wie die anderen.
Millionen Sterne rings um ihn herum sind
tausendmal edler. Das erfüllte den Stern mit
Traurigkeit, denn er merkte, dass in keiner
mag. Am liebsten würde er einmal auf die
Erde herabsteigen, um zu sehen, wie das dort
unten ist und um zu schauen, ob es dort nicht
Freunde für ihn gibt.

Eines Tages geschah es dann: Der traurige
Berg schaute wie jede Nacht auf den Sternen-
himmel und der traurige Stern entgegen auf
das tiefblaue schimmernde Tal in der Nacht.
Irgendetwas war heute anders. Wie von Zau-
berhand gesteuert, berührten sich die beiden
Blicke vom traurigen Berg mit dem
traurigen Stern.

Eine schier unbeschreibliche Atmosphäre
entstand, da der Stern urplötzlich kräftig
leuchtete. Auf einmal war dieser heller und
größer als all die Millionen Sterne rings um
ihn herum. Auf der anderen Seite fühlte sich
der Berg auf einmal total mächtig und erha-
ben. Seine markante Struktur hob sich nicht

nur von den anderen ab, sondern ließ ihn zu einem kostbaren Unikat werden.

Ohne ein Wort miteinander zu sprechen (wer hat schon einen sprechenden Berg bzw. einen sprechenden Stern gesehen?), haben die beiden sich auf einmal sehr wohl gefühlt. Es war fast so, als ob sie ab sofort für immer für einander da sein wollten.

So war es: Der Berg freute sich auf die Nacht, wenn er den Stern zu sehen bekam und bei ihm war es genauso. Der Stern freute sich, wenn der große Berg beim ihm in seiner Nähe war und dann leuchtete er dementsprechend. Heute kann man die beiden in klaren Nächten zusammmen sehen und sich ihrer Gemeinsamkeit erfreuen.

Oma Orthe schaute nach diesen Worten in die Augen ihrer Zuhörer und merkte, dass diese alle ein wenig nachdenklich erschienen.

«Meine Lieben, ich möchte euch zum Schluss noch ein paar weitere Gedanken mit auf den Weg geben:

Wenn es regnet,
suche den Regenbogen.
Wenn die Sonne scheint,
zähl' die Sonnenstrahlen.
Wenn es schneit,
betrachte das feine Glitzern.
Wenn es einmal dunkel ist,
erlebe die Stille.

Wenn du glücklich bist,
mache es wie die Milchkuh und
läute mit deiner Glocke.»

Alle saßen an diesem Nachmittag des dritten
Weihnachtsfeiertags lange bei Oma Orthe
im Einödhof und genossen ihre Worte, die
für sie immer etwas besonderes waren. Sie
hatte eine weitere tiefsinnige Geschichte für
ihre Freunde auf Lager:

Der Gedankentag

«Ihr Lieben, sehr gerne möchte ich euch zur
Feier des Tages eine zweite Überlieferung er-
zählen. Sie handelt von Giesbert, dem Gries-
grämigen und Marianka, der Motzigen.
Beide lebten vor vielen Jahrzehnten hier bei
uns im Tal und waren bei den übrigen Ein-
wohnern nicht beliebt.
Gisbert war ein wankelmütiger Herr, der
sich stets über jede kleine Kleinigkeit auf-
regte. Blökten die Kühe zu laut, wurden die
Bauern zur Rechenschaft gezogen. War das
Wetter wieder einmal wechselhaft, waren
alle im Tal schuld, weil sie ihren Äckern zu
viel Wasser gegeben haben. Das überschüs-
sige Wasser ließ Wolken und somit Regen

entstehen. Wie man sich vorstellte, war Giesbert kein angenehmer Zeitgenosse.

Marianka war hier nicht gerade besser. Mit grimmigem Gesicht lief sie stets durch das Tal und keiner wollte nur ansatzweise mit ihr etwas zu tun haben. War Marianka unterwegs, gingen ihr alle anderen immer aus dem Weg. Die Älteren im Tal stellten sogar die Behauptung auf, dass sie zaubern könne. Etwas mit grüner Kräutermagie oder so. So richtig schlau wurde keiner aus Marianka, der Motzigen und noch weniger aus Giesbert, dem Griesgrämigen.

Eines Tages kam es, wie es kommen musste. Im Winter wurde sowohl Marianka, als auch Giesbert ziemlich krank. Eine heimtückische Grippe hatte beide erwischt und sie waren auf die Hilfe der anderen angewiesen. Lange dauerte es nicht, bis die Apothekerin aus der nahe gelegenen Stadt von zwei aufmerksamen Bewohnern des Tales geholt wurde.

In der Stadt wusste niemand von den Macken der beiden Personen. Jedenfalls hat die Apothekerin Wacholda Weißalles den beiden wieder geholfen und Marianka, aber auch Giesbert wurden nach wenigen Tagen wieder gesund. Was die schlaue Wacholda ihnen gegeben oder geraten hat, darüber

wird bis in die heutige Zeit gerätselt und et-
liches spekuliert. Wie sich später herausge-
stellt hatte, stand eines fest:
Wacholda Weißalles hat ihnen dringend
empfohlen, im nächsten Frühjahr einmal die
Bergquelle am Fuße des Tales zu besuchen.
Sie sollten dort eine Flasche frischen Quell-
wassers bei Vollmondlicht holen und an-
schließend vollständig in langsamen Zügen
genießen. Marianka und Giesbert haben den
Rat befolgt und sich das Bergwasser bei Voll-
mond geholt. Seit diesem Moment an waren
sie wie ausgewechselt. Alle im Tal verwun-
derten sich zunächst über ihren Sinneswan-
del, waren aber umso mehr darüber erfreut,
dass die beiden zur Vernunft gekommen wa-
ren.
Als Dank für die Erkenntnis, dass man bes-
ser mit Zuversicht und Freude durchs Leben
kommt, als mit tiefem Missmut, Motzigkeit
und dauernder Kritik, gab es im Tal ein gro-
ßes Fest. Von nun an war hier der Frühlings-
beginn ein kleiner Feiertag. Die Menschen
nannten ihn «Gedankentag» und es war ein
Tag, an dem man bewusst alle seine Gedan-
ken und Handlungen überdenken und um-
denken konnte.
Liebe Freunde, wenn ihr mal in einer Sack-
gasse angekommen seid, verzweifelt, wütend
oder gar motzig werdet, denkt daran: Frische

Gedanken kommen aus dem Geist meist von alleine, so wie bei einem Bergfluss das frische Wasser entspringt. Diese Gedanken reinigen und erneuern. In einem Quellfluss in den Bergen werden durch das produzierende Wasser die Steine darin fein geschliffen. Macht es mit euren Gedanken genauso. Lasst euch immer wieder positive Impulse durch den Kopf gehen und eure Grundhaltung so fein schleifen, wie die unzähligen Steine im Bergquellwasser.»

Oma Orthe und der Brief ihres Großneffen Heribert Hilfmal

«Liebe Freunde, bevor wir unseren dritten Weihnachtsfeiertag gemeinsam beschließen, möchte ich euch gerne einen Brief von meinem Großneffen Heribert Hilfmal vorlesen, den ich in einer alten Lebkuchendose beim Umgraben meines kleinen Gartens vor einigen Jahren gefunden habe.»
Oma Orthe nahm einen beigen Umschlag aus der Seitentasche von ihrem Ohrensessel und begann diesen vorzulesen:
«Es gab einmal einen Schäfer, der viele Sorgen, Nöte und Ängste hatte. Oft hatte er Angst, dass im nächsten Augenblick etwas

Schlimmes passieren könnte oder es gab Gedanken, die sich immer wieder wie ein Karussell um sich drehten.

Die Leute im Dorf machten sich schon lustig über ihn und begannen damit, ihn zu ärgern. Über Nacht legten sie ihm immer wieder Steine und Hölzer in den Weg, damit er es mit seinen Schafen zunehmend schwerer hatte, einen geeigneten Weg zu gehen.

Was sollte der Schäfer tun? Es kam ihm eine sinnvolle Lösung dieses scheinbar aussichtslosen Problems: Wenn man eine Lösung hat, sollte man sich daran machen, diese auch umzusetzen. Also begann der Schäfer damit, etwas aus den Steinen und Hölzern zu bauen. Die unterschiedlichen Steine zierten von nun an einen Teil seiner Weidewiese.

Er legte einen Steingarten an und erfreut sich jeden Tag aufs Neue über die Blumenpracht, die sich darin gut entwickelte. Aus den Hölzern baute er für sich und seinen Hund einen kleinen Unterschlupf, damit sie im Regen einen trockenen Platz hatten.

Es ging aber noch weiter: Der Schäfer ließ sich von einem weisen Mann aus den Bergen einen Tipp geben, wie er mit seiner Angst und seiner Sorge umgehen sollte. Deine Angst vergeht, wenn du erst einmal damit angefangen hast, das in Angriff zu nehmen, was Ursache für deine Angst ist. Überwinde den

Moment und deine Angst verschwindet, denn sie gibt es gar nicht wirklich, da sie nur eine Vorstellung dessen ist, was alles sein kann, aber nicht muss.

Genauso ist es mit den Sorgen auch. Es kommt nicht darauf an, sofort Antworten zur Lösung von Sorgen zu haben, sondern mehr auf die richtigen Fragen. Diese können nur durch innere Ruhe und Gelassenheit erfolgreich entstehen. Damit man abschätzen kann, wie schwer oder folgenreiche die Sorgen und Ängste sind, sollte man den Sachen auf den Grund gehen. Mag es an der Oberfläche noch so wild und turbulent aussehen, ist es am Grund vielleicht schön und ruhig.» Oma Orthe legte mit diesen Worten ihre Brille zur Seite und wurde in ihrem Ohrensessel etwas müde. Ihre Gäste haben den leckeren Tee ausgetrunken und die angenehmen Stunden genossen.

Oma Orthe weiß es nur immer zu gut, ihre Zuhörer mit Kurzgeschichten zu unterhalten und zu beeindrucken.

Jetzt begaben sich alle auf den Weg nach Hause. Im kommenden Jahr wird es wieder einen dritten Weihnachtsfeiertag mit Oma Orthe geben, weil dieser zu einem festen Termin im Einödstal geworden ist.

Als die Sonne langsam unterging und die schneebedeckten Häuser und der riesige Weihnachtsbaum in warmen Licht erstrahlten, konnte man erahnen, dass die herannahende Nacht sternenklar und bitterkalt wurde. Vorfreude auf den Heiligen Abend war angesagt. Die Turmuhr schlug 15:30 Uhr und Mitti und Unki wurden aus ihren Tätigkeiten prompt herausgeholt.

«Bald ist es soweit, mein Schatz. Sollen wir uns schon mal fertig machen?», fragte Mitti sichtlich aufgeregt vor Spannung und Neugier.

«Nein, lassen wir uns noch ein bisschen Zeit. Warten wir, bis unsere Freunde zu uns an den Bus kommen.», entgegnete ihm Unki und versank erneut in ihr Buch.

Unki liebte es, Bücher zu lesen, genauso wie es Mitti liebte, Erlebnisse und Ideen in sein Buch zu schreiben.

In langsamen Schritten bewegte sich der Zeiger der Kirchturmuhr in Richtung 16:00 Uhr. Mitti machte sich daran und schaltete die anheimelnde, weihnachtliche Beleuchtung im und um den Märchenbus an.

Alle Fenster in der Lebkuchengasse waren mittlerweile hell erleuchtet und ließen den Glanz des herannahenden Weihnachtsfestes deutlich spüren. Die Sonne war inzwischen am Horizont verschwunden und die Nacht kündigte sich an. Die Glocken der Stadtkirche läuteten und alle Interessierten fanden sich zunächst vor der Kirchentür zum alljährlichen Weihnachtsgottesdienst ein. Dieser fand heuer zum ersten Mal im Freien direkt vor der Weihnachtskrippe statt, wohin sich die Menschen aus der Lebkuchengasse begaben.

Es lag eine tiefe Sehnsucht in der Luft. Der Geruch von Gewürzen ließ die Sinne feierlich umwehen. Kerzen brannten und die Menschen schwelgten in Erinnerungen an alte Weihnachtsgeschichten.

Inmitten der tiefen Kälte des Winters legte sich ein Hauch von Grün durch die geschmückten Weihnachtsbäume in der Lebkuchengasse.

Wie an jedem Sonntag haben heute die Glocken mit ihrem Klang zum alljährlichen Gottesdienst an Weihnachten eingeladen. Alle Menschen in der Lebkuchengasse haben sich schnell fertig gemacht, weil sie die frohe Botschaft hören wollten:

Gott ist auf die Welt gekommen. Er ist in Jesus Christus Mensch geworden. Alle feierten das Fest seiner Geburt.

Zu den herrlichen Klängen des Posaunenchors gesellten sich Unki, Mitti, Mogli, Lunelli, Zetha, Herr Hansemann und die Gräfin Ganzgenau.

Es war ein stimmungsvolles Bild: Die Lebkuchengasse erstrahlte in einem festlichen Glanz und jeder hielt ein kleines Teelicht in seiner Hand.

Nach einer Stunde war die Andacht zu Ende und alle aus der Lebkuchengasse wünschten sich ein frohes Weihnachtsfest. Feierlich erklangen weihnachtliche Töne aus der Drehorgel, die an der Krippe aufgebaut worden war. Lunelli, Zetha, Unki, Mitti und Mogli sowie Gräfin Ganzgenau und Herr Hansemann standen alleine vor der Weihnachtskrippe.

«Eine schöne Feier.»

«Ja, hat mir auch sehr gefallen.»

«Das war die Einladung? Sollen wir nun wieder nach Hause gehen?»

Kaum hatte Lunelli diese Frage fertig ausgesprochen, öffnete sich in der Weihnachtskrippe eine bisher unsichtbare Türe.

«So, so, sollen wir da, da, darein gehen?», stotterte Mitti kleinlaut, wobei die neugierige Nase Mogli aber bereits losgeflitzt war und schwanzwedelnd vor der Eingangstüre in der Krippe stand.

Behutsam folgten alle Freunde seines Schrittes. Sie mussten aber schon ein bisschen achtgeben, weil sie ja die Figuren in der lebensgroßen Krippe nicht verstellen wollten. An der Türe angekommen, sahen sie so etwas wie einen Fahrstuhl. Die rechte Seite hatte einen kleinen runden Knopf mit einem Stern darauf. Beim genauen Hinsehen erinnerte dieser an den Verkündigungsstern, wie man ihn aus der Weihnachtsgeschichte kannte.

Zielstrebig, aber mit notwendiger Vorsicht begaben sie sich in den Aufzug. Die Gräfin Ganzgenau durchbrach das Schweigen: «Werte Mitfahrerinnen und Mitfahrer! Ich gedenke, dass es meiner Person obliegt, diesen Knopf hier manuell zu betätigen, damit Sie und ich den Weg gemeinsam beschreiten können.»

«Sag mal, Gertrude oder Gerti, wollen wir jetzt, wo wir uns alle schon länger kennen, nicht «Du» sagen und das förmliche Gerede endlich aufgeben?», fragte Zetha vorsichtig.

«Endlich, erlöst mich jemand aus dieser Qual. Sehr gerne Leute, ich rede auch sonst ganz anders. Nur weil ich eine Gräfin bin, dachte ich das ich so sprechen muss.», entschuldigte und freute sich Gertrude oder Gerti sogleich.

«Also, fangen wir an!», sagte Mitti mittlerweile siegessicher und deutete auf den gelben, runden Knopf.

Gertrude drückte diesen, die Türe schloss sich und ein helles Licht erfüllte den kleinen Raum. Gleichzeitig ratterte es wie beim Aufziehen einer alten Standuhr und der Aufzug bewegte sich langsam, aber zielstrebig nach oben. Minuten vergingen, bis dieser wieder zum Stehen kam. Ein lautes, nicht zu überhören Zischen durchbrach diese ungewisse Fahrt. Die Tür öffnete sich wieder und unseren Freunden bat sich ein erneut einmaliger Anblick:

Sie standen inmitten eines Baumhauses in diesem riesigen Weihnachtsbaum. In der Mitte des Raumes stand ein großer, runder Tisch, der feierlich gedeckt war. Ein Suppen- und Essensteller war für jeden mit entsprechendem Besteck, Gläsern und einer weihnachtlichen Serviette bereitgestellt.

Auf dem Tisch war außerdem ein großer Kerzenständer, der ein warmes Licht in dem Raum verströmte. In den Fenstern hingen große und beleuchtete Herzen und darunter standen bunte Windlichter, die in einem Glas munter vor sich hin flackerten. Von der Decke hingen einige Mistelzweige über den Raum verteilt.

Zetha, Lunelli, Mitti und Unki standen wie angewurzelt und kamen aus dem Staunen nicht mehr heraus. Mogli schnüffelte überall im Raum umher und erkundete diesen vollkommen.

Wenige Augenblicke später erklang aus einer Ecke plötzlich weihnachtliche Musik, die unsere Freunde für einen Moment in ihre

Kindheit zurückdenken ließen. Es roch nach Weihnachten und schmeckte nach leckerem Festtagsessen.

«Willkommen, liebe Freunde!», hörte man kurze Zeit darauf.

«Schön, dass ihr alle meiner Einladung gefolgt seid und heute hier mit mir den Heiligen Abend verbringen wollte.»

Mitti drehte sich um: «Ronny, alter Freund! Du warst es also! Du hast uns allen diesen gelben Brief geschrieben und vorgestern Nacht gegeben.»

«Ja, das war ich. Ich dachte, nach all den unzähligen Überstunden, die meine Helfer und ich mit der Herstellung des Weihnachtsesels Eli verbracht haben, will ich wenigstens das Weihnachtsfest zusammen mit euch in aller Ruhe und ohne Termindruck feiern.»

Gleichzeitig begrüßte Ronny alle übrigen Gäste und gab Mogli zwei goldene Schälchen. «Mein Guter, du hast dir das jetzt auch verdient.», streichelte er seinen treuen Weggefährten sanft über den Rücken und stellte Wasser und Weihnachtsleckerlis für seinen Freund bereit.

«Danke, Ron! Das ist aber eine echte Überraschung hier für uns. Wäre aber wirklich nicht notwendig gewesen!», pflichtete Unki bei.

«Nehmt doch bitte Platz, meine Lieben. Wir haben gleich ein Drei-Gänge-Menü vor uns.» So bekamen alle ein leckeres Essen zum Weihnachtsfest. Als Vorspeise gab es eine Kürbissuppe mit gerösteten Brötchen. Es folgte eine gefüllte Weihnachtsgans mit Klößen und Rotkraut. Zu später Stunde durften alle ein Lebkucheneis essen, eine Spezialität, die sich Lunelli seit dieser Zeit zu einem seiner weiteren Highlights machte. Diese gab es künftig in den Sommermonaten, in der klassische Lebkuchen ihre Saisonpause hatten.

Wie im letzten Jahr war es für alle wieder ein echter Genuss das Weihnachtsfest miteinander zu verbringen. Ronny hatte seine Helfer so gut eingearbeitet, dass das Weihnachtsmenü erneut zu einem Höhepunkt werden ließ. Es war an der Zeit eine weitere Geschichte den anderen zu erzählen:

Die Geschichte von Okulus Fotograficus

In der Lebkuchengasse gab es nicht nur die leckere Lebküchnerei, sondern auch eine Vielzahl weiterer Läden.

Ein kleines, zunächst unscheinbares Schaufenster neben einer noch mehr unscheinbaren Tür ließ nur flüchtig erahnen, was sich dahinter versteckte. Es war ein alter Laden, in dem man richtige Fotoapparate und echte Filmspulen kaufen konnte. Alles, was das Herz eines Hobby– oder Starfotografen höher schlagen lässt, konnte hier käuflich erworben werden.

Der kleine, antike Ladentisch hielt eine Vielzahl von Filmen in weniger bekannten Formaten, wie etwa Rollfilm oder Kompaktfilm bereit. 120er oder 110er Filme konnte man hier ebenso wie 35 mm Kameras bekommen. Dies alles gab es bei außergewöhnlicher Beratung von Herrn Okulus Fotograficus. Der Fotograf und Inhaber des kleinen Ladens hatte für seine Kunden ein eigenes Labor, indem er die Ergebnisse auf Spule oder Film nach Herzenslust entwickelte.

Die Kunden von Okulus Fotograficus waren unterschiedlich. Oft kamen nicht nur die Einwohner der Lebkuchengasse und der umliegenden Orte, sondern auch weitgereiste Besucher, die sich von seinen Entwicklungskünsten überzeugen ließen, was dem Meister immer wieder aufs Neue gelang.

Man muss dazu aber wissen, dass Okulus ein geheimes Labor hatte. Keiner seiner Kunden hatte dies nur einmal gesehen. Man sagte sich, dass alle auf den Fotos festgehaltenen Ergebnisse in diesem Labor nochmals nach erlebt wurden. Kein Wunder, dass Okulus oftmals recht müde in seinem Geschäft stand, hatte er den Abend und die Nacht zuvor wieder viele Aufträge abgearbeitet.

Ob eine Szene im frühlingshaften Garten oder eine Aufnahme einer traditionellen Familienfeier anstanden, war Herrn Fotograficus zunächst nicht so wichtig. Hauptsache war für ihn, dass alles so echt wie möglich und somit mit so viel Gefühl wie nötig auf das Fotopapier kam.

Eines Tages war Herr Fotograficus so lange im Labor beschäftigt, dass er über seiner Arbeit eingeschlafen war.

Es war der Samstag vor dem ersten Advent, als er an seiner Ladentür zunächst leicht und dann doch heftiger klopfte.

«Was war denn das wieder?», brummelte Okulus im Halbschlaf versunken. Es klopfte energischer und schließlich rief eine tiefe Stimme: «Hallo, hallo! Ist denn niemand da? Es ist schon 10:00 Uhr und ich muss etwas zum Entwickeln abgeben!»

«Komme gleich! Einen kleinen Moment bitte!», rief der Händler zurück, wusch sich kurz den Schlaf aus seinen Augen, zog die grün gestreifte Strickjacke an und richtete seine Hosenträger.

Kurze Zeit später öffnete Okulus die Ladentür und dann blieb ihm für einen Augenblick der Atem stehen. Eine große Gestalt mit schwarzen Schuhen, schwarzer Hose, schwarzem Pullover, schwarzem Hut und nicht zu vergessen schwarzer Sonnenbrille stand vor ihm. Beide schauten sich eine Weile schweigend an.

«Guten Morgen. Sind Sie Herr Fotograficus, der berühmte Meister aller Fotoentwicklungen? Ich habe da etwas für Sie.», sprach der mysteriöse Mann mit tiefster Stimme zu ihm. Bevor Okulus nur ein Wort antwortete, nahm der Mann einen alten Rollfilm aus seinem schwarzen Mantel und hielt ihn in die Luft. Dabei fuhr er fort: «Hier, das ist ein ganz besonderer Auftrag. Quadratische Bilder, leider wahrscheinlich stark unterbelichtet.»

Okulus wich leicht schwitzend einen Schritt zurück in seinen Laden.

«Kommen Sie doch bitte herein, Herr äh.», bat er den überraschten Kunden.

«Also, diesen alten Rollfilm wollen Sie entwickelt haben? Das ist kein Problem!», sprach Okulus mit zunehmend gelassener Stimme weiter.

«Genau, nur brauche ich die Bilder bis heute Abend. Geht das für Sie, Herr Fotograficus?», fragte der nach wie vor unbekannte Mann.

«Einen Rollfilm? Die Entwicklung dauert ca. drei Tage, weil ich umfangreiche Vorbereitungen treffen muss.», versicherte Okulus mit leicht genervtem Unterton.

Schließlich nahm die mysteriöse Gestalt seine Sonnenbrille ab und fuhr fort: «Mein werter Herr Fotograficus, ich bin nur bis heute Abend in der Stadt. Und wenn der Film bis dahin nicht fertig ist, dann......»

«Was dann?», unterbrach Okulus seinen bisher ungewöhnlichsten Kunden.

«Äh, nichts...»

Okulus drehte sich kurz um, um eine Entwicklungstasche zu holen und diese auszufüllen.

«Ja, ich. ......», setze der Fotograf an, aber der Mann war verschwunden. Auf dem Tresen lagen nur der Rollfilm und eine kleine Notiz: Bin um 17:00 Uhr wieder da. Seien Sie vorbereitet!

Eiskalt lief es Okulus den Rücken herunter und sein Herzschlag pochte unaufhörlich in seinem Hals. Es überkam ihm ein richtiges Beklemmungsgefühl, weil er nie in so wenigen Stunden einen Rollfilm entwickelt hatte. Kurzerhand und mit festen Entschluss schrieb Okulus ein kleines grünes Schild und hing es an seine Ladentür.

«Heute bis 17:00 Uhr aufgrund von Wartungsarbeiten geschlossen. Ich bitte um Ihr Verständnis.»

Das Klicken des Türschlosses klang heute fast so wie bei einem alten Ritter, wenn dieser mit seiner Rüstung durch den Burghof lief. Wenige Minuten später befand sich Okulus noch immer leicht nervös in seinem Geheimlabor, das im Keller des Wohnhauses war.

Die Luft roch leicht stickig und modrig, weil Okulus den Raum schon lange nicht mehr gelüftet hatte.

Zur Untermalung dieser schweren Aufgabe, aber zu seiner Beruhigung legte er eine CD mit klassischer Musik auf.

Das Entwicklungslicht erfüllte den sonst komplett dunklen Raum und Okulus begann, die Spezialentwicklungsrezeptur für Rollfilme zusammenzubrauen. Zudem musste die Entwicklungsspule gesucht werden, weil 120 mm Filme nicht so oft auf der Tagesordnung zur Entwicklung standen.

Jetzt erklärt sich die Tatsache, dass eine Entwicklung drei Tage dauert, weil er wahrscheinlich drei Tage brauchen würde, um alles zu finden. Okulus war ein Meister des Verlegens.

«Wo ist denn nun dieses blöde Ding wieder? Ich habe es doch neulich erst gesehen.», murmelte Okulus und suchte hektisch und ohne Plan in seinem Labor. Die nahe Kirchturmuhr schlug 12:00 Uhr mittags. Die Zeit, bis der schwarze Mann wieder kommen würde, wurde immer knapper. Okulus war verzweifelt. Die Entwicklungsmischung war da, aber nicht die notwendige Rolle. Panik machte sich in ihm breit, er spürte ein leichtes Kribbeln vom Bauchnabel bis zu seinem Hals. Zwei weitere Stunden vergingen, bis ihm plötzlich die Idee kam, dass sein Freund Gerald Grünfinger früher selbst Rollfilme entwickelt hat. Gerald Grünfinger hatte in der Lebkuchengasse einen Laden, indem er zusammen mit seiner Frau Herta Herbstzauber Blumen und Pflanzen verkaufte. In Windeseile sprang Okulus auf und rannte durch den Laden zu seinem Freund und Nachbarn. Er war so schnell, dass er seinen Mantel vergessen hatte und die Ladentür offenließ.

«Gerald! Du weißt gar nicht, was mir heute Morgen passiert ist.», sprach Okulus außer Atem zu seinen Freund.

«Nun setz dich erstmal, Okulus. Bleib bitte ganz ruhig!», versuchte Gerald, seinen Nachbarn zu beruhigen.

Wenige Minuten später: «Klar habe ich eine 120er Entwicklungsrolle. Einen Moment bitte, mein Freund.», tröstete Gerald den immer noch aufgebrachten Okulus.

Sichtlich erleichtert begab sich Okulus in sein Labor zurück und begann mit der Entwicklung der zwölf Bilder aus dem Rollfilm des unbekannten Mannes.

Die Kirchenuhr schlug 16:00 Uhr. Okulus zog langsam und Stück für Stück die Bilder aus der Entwicklungsrolle und wie vom Blitz getroffen schrie dieser lautstark: «Nein! Das darf doch nicht wahr sein!»

Was geschehen war, war eines der wohl schlimmsten Momente eines jeden Fotografen. Alle zwölf Bilder waren total schwarz.

Verzweifelt sank Okulus auf seinem Stuhl zusammen und war fast den Tränen nahe. «Und was nun? Alles umsonst! Was würde denn nur geschehen?»

Doch dann – die Idee!

«Wer sagt denn, dass der Kunde überhaupt weiß, was auf den Bildern fotografiert wurde? Vielleicht ist es auch nur ein Test von ihm. Eventuell einer der ganz großen, die die kleinen Fotoläden ausschalten wollten, weil es schon genug in den Einkaufszentren gibt», dachte Okulus weiter vor sich hin.

«Moment mal. Ich habe da noch ein paar alte Bilder in meinem Archiv. Es sind wunderschöne Aufnahmen aus meinem Garten.»

Okulus suchte dieses Mal weit weniger lange, denn wenn es um seine Bilder geht, weiß er genau, wo diese sind. Ein paar Augenblicke später hatte der Fotograf eine kleine zwölfteilige Fotoserie in seinen Händen.

Im vergangenen Jahr hatte Okulus die Blumenbeete in seinem großen Garten zu allen Jahreszeiten liebevoll auf einer alten 120er Rollfilm Kamera geknipst. Beim Betrachten kommen Okulus Erinnerungen an die letzten 365 Tage, die für ihn eine unvergessene Zeit waren.

Vor sich hin träumend wurde er erneut von einem lauten Klopfen an seiner Ladentür herausgerissen, hatte er doch das 17:00 Uhr Läuten gänzlich überhört.

«Hallo! Machen Sie bitte sofort auf! Hören Sie mich denn nicht?», rief der Mann, der heute Morgen im schwarzen Outfit vor der Ladentüre von Okulus Fotograficus stand.

Dieser nahm seine zwölf Bilder, rannte die Treppe vom Keller nach oben und öffnete in Windeseile seine Tür.

Erneut stockte ihm der Atem. Hatte er wieder eine komplett dunkel gekleidete Person erwartet, stand sein Kunde aus der frühen Morgenstunden erneut vor ihm. Doch etwas war anders und Okulus traute seinen Augen nicht. Der Mann war total bunt und farbenfroh gekleidet.

Ein feuerroter Hut, ein oranges T-Shirt mit einer hellgrünen Weste erkannte man. Seine Hose war hellgelb und die Schuhe in einem himmelblau gehalten. Die schwarze Sonnenbrille wurde durch eine lila-weiß gestreifte Brille ersetzt und sein Mantel war etwas anderes als heute Morgen. Dieser hatte zahlreiche Streifen in den Farben des Regenbogens.

«Hallo, mein werter Freund», begrüßte der Unbekannte den Hobbyfotografen freundlich.

«Haben Sie es geschafft?»

«Ganz klar, der Film ist fertig. Es gab da nur ein kleines Problem...», erklärte Okulus, wurde aber sogleich unterbrochen.

«Nein, Okulus, es gab da überhaupt kein Problem. Weißt du, es war ein kleiner Test und du hast ihn vorzüglich bestanden.», fuhr der Mann fort.

«Einen Test?», schreckte Okulus mit großen Augen hinter seine Verkaufstheke zurück.

«Ja, einen Test.»

«Heißt das, dass es von Anfang an klar war, dass nichts auf den Filmen ist?», fragte Obolus direkt mit einer kleinlauten Stimme.

«Richtig, mein Freund. Was hast du daraus gemacht? Nun zeigt schon, ich bin von Natur aus sehr neugierig. Ach, gestatten, dass ich mich vorstelle, denn das habe ich heute Morgen ganz vergessen. Hubert Hoffnung mein Name.»

Mit zittrigen Händen legte Okulus seine zwölf Rollfilmbilder auf die Theke und bekam inzwischen kein Wort mehr heraus. Er, der normalerweise immer ein Wort auf den Lippen hatte, verstummte vor lauter Verblüffung. Sanften Blickes betrachtet Hubert Hoffnung sämtliche Bilder des Fotografen. Herrliche Farben und Motive kamen vor seine Linse und die Ergebnisse konnten sich echt sehen lassen.

«Einmalig, mein Freund. Die Schönheit des Augenblicks hast du mit der Magie der Farben in all ihren unzähligen Facetten einmalig eingefangen. Ich bewundere deine Werke. Wahrscheinlich sind diese alle unbezahlbar, oder?», fügte Hubert hinzu.

«Nun, Hubert, Herr Hoffnung. Ich will es so sagen: Keinen deiner persönlichen Momente kann man dir nehmen. Du nimmst diese war und hast hoffentlich die Zeit, dich darüber zu freuen. Freuen sollst du dich aber nicht nur jetzt, sondern auch später, damit du lernst, dass du immer alles voll auskosten sollst, was dir Gutes im Leben geschieht.», ergänzte Okulus, der ebenfalls wie Hubert mittlerweile ein breites Grinsen im Gesicht hatte.

«Oh, mein Freund, das mit den persönlichen Momenten hast du schön gesagt. Du lässt mich an deinen jetzt teilhaben und das, obwohl wir uns wenig kennen und ich dir heute Morgen vielleicht Angst gemacht habe. Entschuldigung hierfür.»

«Kein Problem, Herr Hoffnung, denn ich hatte ja zum Glück einen guten Einfall und konnte diese missliche Lage schnell lösen. Nehmen Sie die Bilder von mir als Zeichen der Erinnerung, dass auch zunächst ausweglose Situationen doch zu einem guten Ende finden können.»

«Danke, mein Freund. Weißt du, dass die Menschen wieder mehr lernen sollten, mit dem Herzen zu denken und mit der Seele zu leben. So wie du haben es leider viele verlernt zu sein. Wollen wir hoffen, dass alle Menschen am Weihnachtstag ein bisschen mehr zu der Erkenntnis kommen und nicht nur während dieser Zeit so handeln.»

Ehe sich Okulus von Hubert Hoffnung verabschieden konnte, war dieser spurlos verschwunden. Okulus Fotograficus rieb sich die Augen, weil es doch die Möglichkeit gab, dass er alles nur geträumt hatte, denn er war nach wie vor in den letzten Tagen äußerst müde gewesen.

Von diesem Tag an hatte der Fotograf ein Werbeschild in seinem Schaufenster aufgestellt, auf dem folgendes stand: «Erinnerungen sind die Momente, die du mit deinem Herzen aufnimmst. Bewahre diese, denn es sind die wahren Schätze deines Lebens.»

Als alle gemütlich ihr Weihnachtsmenü genossen hatten, stand Lunelli Lebkuchen plötzlich vom Tisch auf und klopfte an sein Wasserglas.
«Liebe Freunde, heute möchte ich es nicht versäumen, euch eine Geschichte über den wahren Wert von Weihnachten zu erzählen. Das ist quasi der Nachtisch nach dem Nachtisch.», sprach Lunelli und alle lauschten gerne weiter seinen Worten.

Der wahre Wert von Weihnachten

«Weihnachten beginnt, wenn es im ganzen Haus duftet und überall Schmuck und Kerzen verteilt sind», erzählte Tina ihrer Freundin Sophie. Beide kannten sich seit dem Kindergarten und besuchten jetzt zusammen die Schule.
«Nein, Weihnachten beginnt, wenn ganz viele Geschenke unter dem Baum liegen. Mama und Papa haben dann die Türe zum

Wohnzimmer verschlossen und im ganzen Haus herrscht eine ruhige Stimmung mit der Vorfreude auf die Bescherung.», ergänzte Sophie die Gedanken ihrer Freundin.

Beide saßen zusammen am großen Küchentisch von Tinas Eltern und bastelten einen eigenen Adventskalender, der in wenigen Tagen zum Einsatz kam.

Draußen schneite es dicke Flocken und die Kälte ließ die Eisblumen an den großen Küchenfenstern schnell wachsen. Beiden Freundinnen haben sich weiter über das Fest der Feste unterhalten, aber keiner ist zu einem richtigen Ergebnis gekommen, wann es Weihnachten wird.

In der Nacht zum 1. Dezember hatten Tina und Sophie einen für sie ziemlich unvergessenen Traum.

Beide waren mit ihren Familien zusammen auf einem kleinen Schotterweg, an dem sich rechts und links jede Menge Schnee anschloss, unterwegs. Es war dunkel geworden und die Sonne hatte sich hinter den hohen Bergen zu ihrer Nachtruhe verabschiedet.

Als sie ein paar Schritte weitergingen, entdeckten sie auf der rechten Seite eine kleine Kapelle, die gerade einmal sechs Fenster hatte und nicht höher als 10m war. Die einladende Kapelle stand mitten in einer von Schnee bedeckten Wiese. Eine hell-orange, warme Beleuchtung konnte man wahrnehmen und nach draußen erklang festliche Musik.

In diesem Augenblick läutete die einzige Glocke leise. Tina, Sophie und ihre Familien fanden wenige Minuten später ihren Platz in der bis jetzt unbekannten Kapelle in den Bergen. Weihnachtliche Flötenmusik ertönte und erfüllte den kleinen Raum.

Es brannte eine weiße, große Kerze, daneben stand ein liebevoll geschmückter Weihnachtsbaum. Die Luft roch nach frischen Tannen und Kerzen.

In diesem Traum haben Tina und Sophie eine Antwort auf ihre Frage nach dem wahren Wert von Weihnachten bekommen: Weihnachten beginnt da, wo andere nicht einmal bereit sind, ihren Kopf einzuschalten. Weihnachten beginnt nicht im Kaufhaus, auf den kommerziellen Märkten oder bei der Rabattjagd im Internet. Weihnachten, beginnt in eurem Herzen. Macht euch auf dem Weg zu einem frohen und freien Herzen. Habt ihr das gefunden, dann tragt das Licht hinaus in die Welt zu euren Freunden, Verwandten, Nachbarn oder Bekannten.

Nach diesen Worten sind Sophie und Tina wieder von ihrem unvergessenen Traum aufgewacht. Doch war es nur ein Traum für sie? Nein, denn wie es der Zufall so will, standen auf ihrer beiden Nachttische eine weiße Kerze und diese leuchtete munter vor sich hin.

Die beiden Freundinnen Sophie und Tina haben in dieser Nacht den wahren Wert von Weihnachten in der kleinen, unbekannten Kapelle mitten auf einer Wiese in den Alpen erkannt und haben ihren Lebtag diese Geschichte nicht vergessen.

Nach diesem leckeren Drei-Gänge-Menü und den Geschichten, hatten Unki und Mitti eine weitere Überraschung für ihre Freunde, die sie während der vergangenen Tage mit dem Märchenbus in der Lebkuchengasse kennen– und schätzen gelernt haben.

«Wir bitten um eure Aufmerksamkeit. Auf unserer kleinen Erkundungsreise durch die Lebkuchengasse und Umgebung haben wir noch ein weiteres Erlebnis gehabt, das wir euch nicht vorenthalten wollen. Das ist der vierte Gang unseres Weihnachtsmenü.», verkündeten Unki und Mitti gemeinsam.

Somit klärte sich auch gleich die Frage, was das große Paket mit dem grünen Geschenkpapier und der roten Schleife auf sich hatte. Dies haben die beiden heimlich mit zur Feier hier im Baumhaus des großen Weihnachtsbaumes gebracht und fürsorglich neben die Eingangstüre gestellt.

Alle schauten auf einmal gespannt und mit großen Augen zu Unki und Mitti. Da der Festtagstisch inzwischen abgeräumt war, nahm Mitti das große Paket und stellte es entschlossen in die Mitte des Tisches.

«Liebe Freunde, es war eine sehr schöne Zeit mit euch hier der Lebkuchengasse. Wir haben uns sehr über eure Besuche, aber auch über eure Einladungen gefreut. Als Dankeschön möchten wir euch jetzt eine ebenso unvergessene Überraschung machen.», fuhr Mitti fort.

Währenddessen zog Unki an der roten Schleife des riesigen Pakets und nahm langsam das Papier weg. Ein Rascheln und eine Spannung wie zu den besten Zeiten in der Kindheit, wenn die lang ersehnte Bescherung nahte.

«Also, wir haben noch eine sehr wertvolle Bekanntschaft gemacht, als wir weiter raus aus der Lebkuchengasse in den anschließenden, dichten Wald gelaufen sind. Wir haben hier Herrn und Frau Ruhe kennengelernt. Vielleicht kennt ihr sie ja auch? Beide wohnen in einem netten Häuschen oben im Wald. Es ist fast so wie der Einsiedlerhof bei Oma Orthe.», erklärte Mitti mit großer Begeisterung allen Freunden.

Unki war inzwischen mit dem Auspacken des Pakets fertig und zum Vorschein kamen

nochmals viele kleine, ebenfalls liebevoll ein-
gepackte Überraschungen. Unki stellte je-
dem eines davon auf seinen Platz und Mitti
erzählte weiter von ihrer Begegnung:

«Wir haben also die beiden bei unserer Er-
kundungstour durch Zufall gesehen und
wurden von ihnen sofort sehr freundlich
empfangen. Bei einem Winterzaubertee ha-
ben sie uns dann erzählt, dass sie das Leben
in der Stadt satt hatten und alles, was sie be-
sessen hatten, verkauft haben.

Schon immer wollten sie ihr Hobby zu ihrem
Beruf machen. So kam es, dass Herr und
Frau Ruhe ihr eigenes Reich in dieser Ge-
gend erschaffen haben. Herr Ruhe war ein
leidenschaftlicher Holzschnitzer und Frau
Ruhe eine begnadete Künstlerin und Bastle-
rin. Sie waren das ganze Jahr über damit be-
schäftigt, Weihnachtskrippen in allerlei Aus-
führungen zu gestalten. Im Spätherbst geht
es dann für einige Wochen an den Verkauf
dieser liebevollen Unikate auf allen denkba-
ren Märkten. Natürlich kann man auch un-
ter der Zeit eine Weihnachtskrippe bei der
Familie Ruhe abholen oder sie nach den eige-
nen Wünschen bestellen.

Wenn ihr euch jetzt fragt, wie man mit dieser
Idee seinen Lebensunterhalt bestreiten kann,
so sage ich euch ganz einfach: Es ist möglich,
denn alles ist möglich, wenn man es auch nur

will. Die Menschen träumen oft von großen Glück und haben nicht den Mut, ihren Ideen nachzukommen. Meistens sagen sie, dass sie es auf später verschieben, wenn sie Zeit haben. Doch sollte man immer Zeit für das haben, was einem wichtig erscheint.

Zeit ist das, was du daraus machst. Verschenke nicht die Zeit mit Dingen, die du nicht brauchst oder nicht machen willst. Vergiss´ dabei aber deine Verpflichtungen nicht. Die Familie Ruhe hat in ihrer Abgeschiedenheit gelernt, auf vieles zu verzichten, was sie im früheren Leben hatte. Nach einiger Zeit haben sie erkannt, dass es ihnen an gar nichts fehlt.

Während der Gestaltung der vielen Weihnachtskrippen haben sie zu innerer Ruhe und Ausgeglichenheit gefunden, was ihnen beim Leben in der Stadt so nicht möglich war. Es war fast so, als ob sie die alte Zeit vergessen und ihre eigene Zeit erschaffen haben. Weg von Trubel und Hast, hin zur Besinnung auf das Wesentliche im Leben. Sie haben ihrem Leben die Richtung gegeben, die sie sich selbst gewünscht haben.

Frau und Herr Ruhe haben allen ein kleines Geschenk mitgegeben.», erzählte Mitti in einem unaufhörlichen Redefluss.

«Liebe Freunde», sprach Unki weiter, «ihr dürft jetzt eure Geschenke auspacken.»

Wie kleine Kinder haben alle ihr Geschenk geöffnet. Was zum Vorschein kam, war schnell klar: Es war eine Weihnachtskrippe, in die eine Laterne eingebaut war.

Jede Weihnachtskrippe leuchtete festlich in ihrer Gesamtheit und verströmte eine wahrlich feierliche Stimmung. Einige Zeit saßen alle schweigsam zusammen und genossen den Augenblick.

In der Tat wurde die Heilige Nacht wieder kalt und sternenklar. Gegen 23:00 Uhr bat Ronny die Gäste um seine Aufmerksamkeit. «Jetzt kommen wir zum Höhepunkt des heutigen Festabends. Meine Helfer werden jetzt gleich die Kerzen auslöschen und die beleuchteten Herzen in den Fenstern etwas herunterdimmen, denn ich habe eine Überraschung für euch vorbereitet.»

Die weihnachtliche Musik verstummte, im kleinen Baumhaus inmitten des Weihnachtsbaums wurde es zunehmend ruhiger, die Silhouetten der beleuchteten Herzen konnte man erahnen. Die Gräfin Ganzgenau, Herr Hansemann, Zetha, Lunelli, Mitti, Unki und Mogli begaben sich gemeinsam an das größte Fenster des Raumes und schauten andächtig nach draußen.

Über der Lebkuchengasse lag ebenfalls eine angenehme Stille und es schien fast so, als ob das Weihnachtsfest selbst eine kleine Pause macht, weil es in jedem Jahr den Menschen Hektik bereitet, statt diesen die innere Ruhe und Vorfreude auf das, was da kommt, zu schenken.

Alle unsere Freunde haben wenige Momente später einen hellen Stern mit langem Schweif am Horizont gesehen. Unki nahm Mitti, Gertrude Herrn Hansemann und Lunelli Zetha an die Hand, während Ronny bei Mogli war und alle sich ein frohes Weihnachtsfest wünschten.

Zuletzt meldete sich Schnobi Schneebär mit einer neuen Schneefront zurück. In Windeseile fuhr er mit Little Blitz Speedy über die Wolken hinweg und ließ kräftige, große Schneeflocken auf das Land fallen.

In all dieser festlichen Ruhe bekam Ronny eine Nachricht auf sein Handy geschickt. Es war eine kurze, aber gleichzeitig wichtige Mitteilung vom Osterhasen aus seinem Winterquartier im alten Eisenbahnwagen am Ende der Stadt.

Hallo, Ronny, wir wünschen euch ein frohes Weihnachtsfest. Der Osterhase mit Familie.

Hallo Hase, auch von uns ein frohes Christfest und ein bisschen Erholung vor dem Ostergeschäft. Was macht die Kunst? Liebe Grüße Ronny.

Frag lieber nicht. Seit Tagen ist hier Chaos in meiner Osterhasenzentrale am stillgelegten Bahnhof.

Was ist passiert, mein Freund? Brauchst du unsere oder meine Hilfe?

Ja, eigentlich schon, aber heute ist doch Weihnachten und wir sollten alle feiern. Was kümmern dich da meine Sorgen. Wir sehen uns.

Nein, halt, lieber Osterhase. Deine Sorgen sind auch meine Sorgen. Wir sind doch Freunde und Freunde sind immer für einander da.

Lieber Ronny, das tut gut. Hätte ich mich doch früher schon gemeldet. Was macht ihr gerade?

Wir feiern mit allen zusammen im Baumhaus im Weihnachtsbaum in der Lebkuchengasse das Weihnachtsfest. Wir hatten leckeres Essen und gerade gab es für alle eine Überraschung und einen großen Stern am Himmel zu sehen.

Oh nein, dann lass´ uns später schreiben. Meine Frau bringt die Kinder ins Bett und ich dachte eben...

Du hast schon richtig gedacht. Aber jetzt raus mit der Sprache!

Also, es ist so: Neulich wollte ich meine ersten Besorgungen für das Osterfest machen und da...

An dieser Stelle kamen leider keine weiteren Worte vom Osterhasen mehr. Ronny wusste zunächst nicht, was er machen sollte. Nach einigen Minuten schrieb er erneut zurück:

Hallo, mein Freund, was ist los? Ich habe nur ein Teil deiner Mitteilung bekommen.

Auch auf diese Nachricht bekam Ronny immer keine Antwort, so dass er seinen Freunden alle gewonnen Infos vom Osterhasen erzählte.

«Und jetzt weiß ich nicht, was zu tun ist.», schloss Ronny seine Erzählungen ab.
Bevor die Gäste antworteten, gab es dann doch zum Glück eine weitere Nachricht vom Osterhasen:

..... und daher brauche ich eure Hilfe. Es geht mir nämlich nicht so gut und ich fühle mich schlapp, krank und erschöpft. Kommt ihr bitte?! Könnt ihr bitte schnell kommen?

Hallo Osterhase, endlich eine Antwort. Wir wissen zwar nicht, was los ist, aber wir kommen. Vorher schauen wir bei Cecilia Abendroth vorbei, denn sie hat für alles immer eine Lösung. Wir machen uns sofort auf den Weg zu dir und deiner Familie. Liebe Grüße Ronny und deine Freunde.

Danke! Auf euch ist eben Verlass! Bitte zieht euch warm an.

Umgehend gab Ronny seinen Helfer die Anweisung, das Baumhaus ordentlich herzurichten. Hektisch begaben sich alle nach draußen in die kalte, sternenklare Nacht und standen unter dem riesigen Baum in der Lebkuchengasse.

Die Nacht roch nach Weihrauch und aus den vielen Wohnungen nahm man leise, aber festliche Töne wahr. Leichter Wind umspielte die Nasen unserer Freunde, die für einen Augenblick recht ratlos zusammen standen.

«Sollen wir Cecilia jetzt wirklich aus dem Weihnachtsfest mit ihrer Familie herausreißen? Sie ist doch das ganze Jahr immer für alle da. Ausgerechnet heute, ich weiß nicht.»

«Aber den Osterhasen geht es schlecht. Er braucht dringend unsere Hilfe, es zählt keine Zeit und kein Ort. Auf geht's! Lasst uns zu Cecilia Abendroth in ihre Apotheke gehen.» Gesagt, getan und so stapften unsere Freunde durch den hohen Schnee über den Sternplatz bis zum Haus von Cecilia Abendroth.

«Alles dunkel. Wahrscheinlich ist sie über Weihnachten gar nicht zu Hause. Gehen wir lieber wieder!»

«Kommt gar nicht in Frage, Leute! Ich klingle jetzt und frage nach Cecilia.»

Ehe eine weitere Meinung zugelassen wurde, drückte Mitti den goldenen Klingelknopf, der weit oben angebracht war. Dieser fühlte sich gar nicht kalt an, sondern durchströmte ihn mit einer wohligen Wärme.

Sekunden später hielten alle die Luft an, das Wohn- und Geschäftshaus von Familie Abendroth erstrahlte im hellen Glanz. Sämtliche Fenster waren auf einmal festlich erleuchtet.

Cecilia sprach zugleich an der Haustür: «Hallo, liebe Freunde, kommt herein. Wir feiern gerade den Heiligen Abend in der Familie zusammen und haben noch genug Platz und Essen für euch.»

In diesem Augenblick öffnete sich schon die Eingangstüre und Cecilia kam ihnen entgegen. Frau Abendroth war eine Frau im höheren Alter, die graue und lockige Haare, sowie eine große schwarze Brille mit dicken Gläsern auf der Nase hatte. Sie liebte ihren Beruf als Apothekerin und trug deshalb immer ihren weißen Kittel.

Unsere Freunde traten ein und standen sogleich in ihrem kleinen Verkaufsraum. Meterhohe Regale gab es zu bestaunen, die alle mit einem Spiegel versehen waren.

Darin standen die unterschiedlichsten Gefäße. Es gab alles: Angefangen von der Gaggerblockade, über Lachsirup und Kitzelspäne. Nicht zu vergessen waren Erfolgspulver und Glückssterne. Ferner gab es bei Cecilia Wahrheitspillen und Durchblickszäpfchen im Angebot.

Mitti berichtete sogleich: «Liebe Frau Abendroth, wir sind ausnahmsweise so spät bei Ihnen und möchten uns dafür auch gleichzeitig entschuldigen, dass wir die Weihnachtsfeier mit Ihrer Familie unterbrechen müssen. Aber es gibt da ein Problem: Unser Freund, der Osterhase, braucht dringend unsere Hilfe.

Er ist müde und abgeschlagen und auch sonst in keiner guten Verfassung.»

«Meine Lieben, es ist für mich kein Problem. Ich helfe dem Osterhasen und euch doch immer gerne. Habt ihr sonst noch Anhaltspunkte, was ich empfehlen könnte?», beschwichtigte Cecilia die Situation.

Alle standen wie in der Schule am Verkaufstresen gegenüber von Cecilia Abendroth und schüttelten fragend den Kopf. «Na gut, dann will ich mal kurz in mein geheimes Labor gehen und dem Osterhasen eine ganz besondere Mixtur zusammenstellen, damit er ganz schnell wieder auf die Beine kommt, denn nach Weihnachten ist Ostern nicht mehr weit.»

Blitzschnell war Cecilia verschwunden, unsere Freunde standen wie angewurzelt und rochen den frischen Geruch von Zitronen. Wahrscheinlich hat sie ihre Apotheke heute zum Weihnachtsfest gründlich geputzt.

Kurz darauf war die Apothekerin wieder bei ihnen und legte einen dunkelbraunen, kleinen Jutesack auf den Tisch. Aus diesen verströmte ein ebenso unbeschreiblicher Duft. Es roch nach frisch gemähtem Heu verbunden mit einer Prise Anis. Wie gebannt schauten alle auf das kleine Säckchen und ahnten nicht, was sich darin befand.

«Das ist eine spezielle Mischung erlesener Kräuter und Gewürze. Bringt diese bitte dem Osterhasen. Passt aber bitte auf, dass auch nur er davon bekommt und er soll jeden Nachmittag eine Tasse davon trinken. Wir werden sehen, dass es dem Osterhasen ganz schnell wieder richtig gut gehen wird. Es soll diese Spezialmischung bis zum Ende nehmen und vorher nicht damit aufhören! Passt aber auf, wenn ihr sie ihm mitbringt, denn es gibt da einen alten Zauberer, der die Rezeptur unbedingt haben möchte.»

Unki entgegnete umgehend: «Liebe Frau Abendroth, vielen Dank! Wir freuen uns, dass Sie uns helfen. Wir sagen bestimmt kein Sterbenswörtchen. Versprochen und festes Ehrenwort!»

Alle anderen nickten zustimmend.

«Halt! Wartet noch! Habt ihr eine Ahnung, wie es so schnell zum alten Bahnhof kommt, wo der Osterhase in seinem grünen Wagenabteil wohnt?»

Erneut Ratlosigkeit unter allen, den Little Blitz und Little Blitz Speedy waren im Weihnachtsurlaub.

«Nun, ich will es euch sagen. Ihr steht bereits darauf.», erklärte Cecilia mit großen Augen.

«Mama! Oma! Wann kommst du wieder zu uns?», hörte man es in der Zwischenzeit aus einem Hinterzimmer.

«Gleich, ich brauche nur noch einen Moment.», rief sie laut zurück.

«Dieser Teppich hier ist, sicher, stabil und schnell genug, damit ihr euren Freund noch in der Heiligen Nacht erreichen und helfen könnt.»

Unsere Freunde blieben somit auf dem Teppich, der unter ihnen lag, stehen.

«Das ist ein «Über-Lebens-Teppich». Ich werde seinen Navi mal auf die Adresse vom Osterhasen einstellen.»

Ein «Über-Lebens-Teppich» ist ein ganz extravaganter Teppich. Er besteht nur aus Wörtern und Werten, die einen Menschen an sich wichtig sein sollten. Diese standen so eng miteinander verbunden, dass der gesamte Teppich davongetragen wird. Cecilia Abendroth ließ ihn wenige Minuten später in Richtung Osterhasen in die Luft steigen.

Unsere Freunde haben es sich darauf gemütlich gemacht, denn es gab für alle eine angenehme Sitzgelegenheit.

Auf Knopfdruck klappten sich alle vier Seiten nach oben und außerdem gab es ein Dach als Schutz vor der Kälte und dem Schnee. Zur besseren Beleuchtung brachte Cecilia bunte Lichterketten an.

Als alle zum Start bereit waren, öffnete sich das Hausdach und mit einer kleinen, leisen und angenehm klingende Melodie stieg der

«Über-Lebens-Teppich» in den Nachthimmel empor.

Es war eine nicht zu lange Reise, die unsere Freunde in dieser Heiligen Nacht zurücklegten. Kurze Zeit später landeten sie am alten Bahnhof und beim Quartier des Osterhasen mit seiner Familie.

Bei der Landung lief seine Frau unseren Freunden entgegen und bat sie sogleich in ihr Wohnhaus. Unsere Entdecker konnten dem Osterhasen schnell das kleine Wundermittel von Cecilia Abendroth geben. Nach ihrem Rezept trank der Osterhase jeden Tag eine Tasse von dem kräftigen Tee, der ihn nach wenigen Tagen wieder vollkommen gesund werden ließ.

Unki, Mitti und Mogli sowie ihre Begleiter hatten für die Zeit, bis der Osterhase wieder gesund wurde, Unterschlupf im alten Bahnhof gefunden, der seit Jahren leer stand. Die Frau des Osterhasen hatte allen eine gemütliche Schlafgelegenheit gegeben.

Unsere Freunde nutzten den Besuch beim Osterhasen, seiner Frau und den Kindern, um sich von den Erlebnissen der Vorweihnachtszeit und des Heiligen Abends ein bisschen zu erholen.

Das Jahr neigte sich langsam dem Ende entgegen und der Jahreswechsel stand bevor. Der Osterhase hatte mit seiner Familie an diesem Abend Tradition. Sie, die beiden Kinder und er begaben sich immer auf eine kleine Anhöhe nicht weit von ihrer Wohnung entfernt und betrachteten das Feuerwerk aus der nahen Stadt. Als alle warm eingepackt in der Silvesternacht dem Feuerwerk zusahen, sprachen sie sich die besten Wünsche für das neue Jahr zu. Aber nicht nur für das neue Jahr, sondern auch für ihr Leben überbrachten sie sich die allerbesten Wünsche:

Am Silvesterabend tönen aus allen Entfernungen laute Böller und man kann überall wunderschöne Lichtspiele am Himmel sehen. Die Menschen sind an diesem Tag meist deutlich sensibler als an allen anderen Tagen im Jahr. Den Übergang von vergangenen Erlebnissen hin zu einer ungewissen neuen Zeit spüren sie an einem solchen Tag.

Wir sollten dankbar sein, für das, was uns widerfahren ist und uns umso mehr freuen auf das, was vor uns liegt. Alles ist endlich, also gehen wir endlich los und lasst uns das Leben leben. Wir erleben dann Dinge, an die wir bisher gar nicht gedacht haben. Lassen wir das Licht unser Leben durchfluten und es in vollen Zügen genießen. Lassen wir uns von unseren Ideen und Vorhaben beflügeln. Halten wir unseren Geist in Bewegung, bewahren aber auch genug Ruhe, um Kraft zu schöpfen.

Der Tisch mit eigenen Geschichten ist reich-
lich gedeckt. Nimm´ so viel du brauchst und
willst.
Denk´ daran: Nicht nur die richtige Menge,
sondern auch die passende Würze verleihen
dem Leben seinen einmaligen Geschmack.

So stand zum Schluss fest: Ob es «Süßigkei-
ten zum Lesen», «Weihnachten auf Schloss
Fantasie» oder Erlebnisse mit dem Märchen-
bus in der «Lebkuchengasse» waren, unsere
Freunde hatten immer wieder Spaß daran,
ihre Geschichten zu erzählen.
Denken wir unsere eigene Geschichte, an die
wir uns in späteren Jahren immer gerne zu-
rückerinnern und füllen unsere Lebenszeit
damit.

Es geht nicht ums Dichten,
es geht hier um Geschichten.
Schreib´ sie für dein Leben,
es wird sehr viele geben.
Mach´ deine Augen auf,
dann nehmen die Dinge ihren Lauf.
Erinnere dich daran,
was es im Leben schönes geben kann.
Die Erinnerung ist ein großer Schatz
und niemals für die Katz.
In deinem Leben bist du der Star,
ich hoffe, jetzt ist alles klar.

Danksagung

Mein herzlichster Dank gilt meiner Frau Martina, die mich mit unzähligen Ideen und Anregungen für diese Geschichtensammlung bereichert hat.

Von ganzem Herzen danke ich ihr für die äußerst wichtige und sehr hilfreiche Lektorenarbeit und ganz besonders für das liebevolle gestaltete Titelbild für die «Lebkuchengasse».

Weitere Geschichten

 *Süßigkeiten zum Lesen* (Geschichten zum Weiterdenken, Band 1)

ISBN: 978-3746013794 books on demand, 2017

 *Weihnachten auf Schloss Fantasie* (Geschichten zum Weiterdenken, Band 2)

ISBN: 978-3746013930 books on demand, 2017